商业新闻出版公司和轻松读文化事业有限公司提供内容支持

零成本创业

轻松读大师项目部 编

中国盲文出版社

图书在版编目（CIP）数据

零成本创业：大字版 / 轻松读大师项目部编. —北京：中国盲文出版社，2018. 1

ISBN 978-7-5002-8103-0

Ⅰ. ①零… Ⅱ. ①轻… Ⅲ. ①企业管理 Ⅳ. ①F270

中国版本图书馆 CIP 数据核字（2017）第 256207 号

本书由轻松读文化事业有限公司授权出版

零成本创业

编　　者：轻松读大师项目部
出版发行：中国盲文出版社
社　　址：北京市西城区太平街甲 6 号
邮政编码：100050
印　　刷：北京新华印刷有限公司
经　　销：新华书店
开　　本：787×1092　1/16
字　　数：65 千字
印　　张：10.75
版　　次：2018 年 1 月第 1 版　2018 年 1 月第 1 次印刷
书　　号：ISBN 978-7-5002-8103-0/F·181
定　　价：38.00 元
销售热线：（010）83190289　83190292　83190297

版权所有　侵权必究　　　　**印装错误可随时退换**

出版前言

数字文明为我们求知问道、拓展格局带来空前便利，同时也使我们深受信息过剩、知识爆炸的困扰。面对海量信息，闭目塞听、望洋兴叹固非良策，不分主次、照单全收更无可能。时代快速变化，竞争不断升级，要想克服本领恐慌，防止无知而盲、少知而迷，需尽可能将主流社会的最新智力成果内化于心、外化于行，如此才能更好地顺应时代，提高成功概率。为使读者精准快速地把握分散在万千书卷中的新理念、新策略、新创意、新方法，我们组织编写了这套《好书精读丛书》。

这套书旨在帮助读者提高阅读质量和效率。我们依托海内外相关知识服务机构十多年的持续积累，博观约取，从经济管理、创业创新、投资理财、营销创意、人际沟通、名企分析等方面选取数百种与时俱进又经世致用的好书分类整合，凝练出版。它们或传播现代经管新知，或讲授实用营销技巧，或聚焦创新创业，或分析成功者要素组合，真知云集，灼见荟萃。期待这些凝聚着当代经济社会管理创新创意亮点的好书，能为提升您的学识见解和能力建设提供优质有效便捷的阅读资源。

聚焦对最新知识的深度加工和闪光点提炼是这套书的突出特点。每本书集中解读4种主题相关的代表性好书，以“要点整理”“5分钟摘要”“主题看板”“关键词解读”“轻松读大师”等栏目精炼呈现各书核心观点，崇真尚实，化繁为简，您可利用各种碎片化时间在赏心悦目中取其精髓。常读常新，明辨笃行，您一定会悟得更深更透，做得更好更快。

好书不厌百回读，熟读深思子自知。作为精准知识服务的一次尝试，我们期待能帮您开启高效率的阅读。让我们一起成长和超越！

目 录

我并不是主张不花钱做营销，我只是发现目前效果最好的营销策略几乎都是免费或零成本的。营销、广告已摆脱业界大佬、传统和昂贵策略的控制。

在经济动荡的环境下，人们越来越深切地认识到事业会有起落，企业可能由盛转衰。这个新近的商业现实是如此残酷：企业的成长不再像过去那样稳定地向上攀升，而是会不时遭遇困境，起起落落成为企业的生存模式。铁腕执行力会诚恳、踏实地应对困境，帮助企业渡过一个又一个难关，勇往直前。

在大多数小公司里，主管都必须同时关注当前与未来，所以他们总是不断上演特技表演，随时都在灭火，抢订单，撑过今天再计划明天。要是公司能同时兼顾今天和明天，就不会有那么多危机。

点击成金时代，几乎可以确定是由智能手机带来的。如果你怀疑这一点，在街上走路的时候，不妨去数数有多少人正盯着自己的手机。他们都是你的潜在顾客。手机有太多好用的内容，人们一定会“沉浸其中”。

零成本网络营销

Free Marketing

101 Low and No-Cost Ways to Grow Your Business, Online and Off

原著作者简介

吉姆·寇克兰（Jim Cockrum），网络营销达人，创立、经营并出售了多个成功的网络企业。从 1997 年起，寇克兰及其协助的顾客已经在网络上创造了价值数百万美元的产品和服务。所著《无声的销售机器》一书，曾被《华尔街日报》《企业家杂志》《男士健康杂志》专文报道。毕业于美国的印第安纳大学。

本文编译：黄玩

主要内容

网络营销不花钱

砸钱买广告的时代已经过去，网络使用者已从观众的角色转变为主要参与者。在此背景下，你必须用心经营，积极回应，获取顾客认同，与顾客建立长期的关系。

虽然花钱买广告这件事原本并没有什么不对，但是目前最好且最有效果的营销策略事实上却是免费的。零成本广告的效果现在真的已经超越广告看板、广播、电视、印刷品和电话簿等媒介，这都要感谢网络这个最大的功臣。

零成本网络营销包括 3 项基本策略：

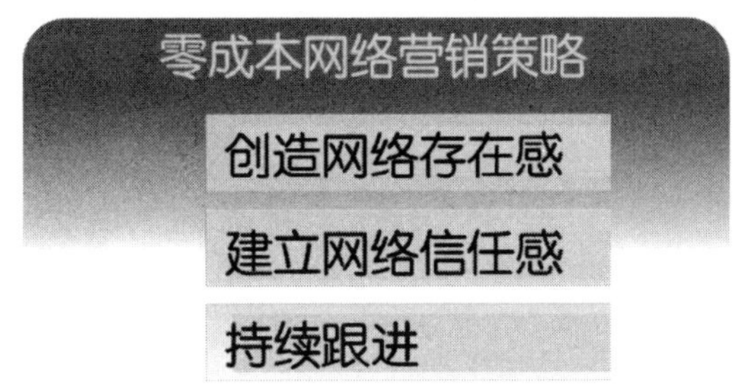

关键思维

我并不是主张不花钱做营销，我只是发现目前效果最好的营销策略几乎都是免费或零成本的。营销、广告已摆脱业界大佬、传统和昂贵策略的控制。在我本人、我的学生和顾客的事业中，我发现有些营销创意非常有效，不少在过去10年间已取得令人惊艳的成果。重点不在于省下多少钱，而是取得了效果。

——吉姆·寇克兰

一　创造网络存在感

当今的经济活动是建立在即时的虚拟关系和持续的信息流基础上的。因此，企业需要创造网络存在感，方法如下：

建立网络声誉，积极经营

你的网络声誉至关重要，因为现在每个人都十分忙碌且分身乏术。你应该积极建立自己的网络声誉，影响更多的潜在顾客。构想如下：

◎在大厅装一台可以上网的电脑或平板电脑，鼓励顾客立即分享与你进行交易的体验。

◎举办竞赛，鼓励顾客提出真诚的反馈意见。

◎利用 Google 快讯功能，以公司名称为关键词，随时监看任何可能影响你网络声誉的最新信息。

◎记录自己如何应对顾客投诉，将顾客的负面体验转为零成本的营销行为。

要塑造绝佳声誉，最有效的方法就是创造并免费传播优质内容。如果你能创造高品质的内容，并即时传播到在线的潜在顾客手中，你的声誉自然会与日俱增。

你也可以提供疯狂、棒到极点的退货政策，强化自己的声誉。如果你对任何退货都能够快速退款，你的销售量就会大增，远远超过退货所造成的损失。要想象每一位顾客都拥有一台扩音器——也的确如此，要不计代价宠爱他们。只要顾客有大声称赞你的理由，他们就真的会这么做。

建立小型、聚焦、花费小的网站

过去有段时间，建立大型网站是网络事业成功的起点。今日，简单、廉价的网站成效已经超过信息大而全的网站了。事实上，在所有网站

中，最有效的是名单收集网页——一个单页网站，其唯一目的就是取得电子邮件地址，然后再采取其他行动。名单收集网页不需花费任何成本，技术也很简单。

放弃建立大型网站，利用成功的网络销售范本吧：

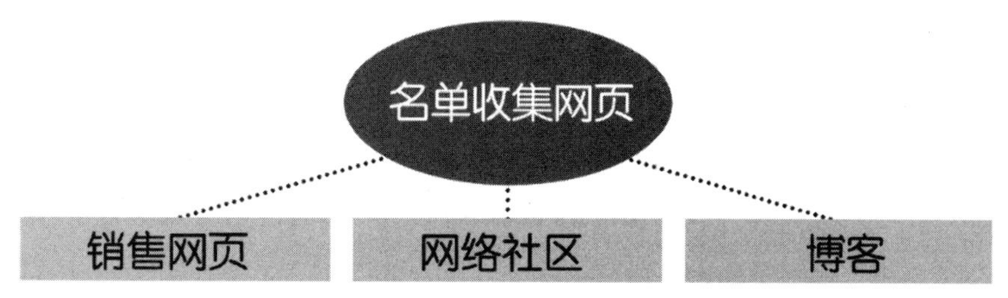

◎建立简单的名单收集网页，用来取得潜在顾客的姓名和邮件地址。

◎寄出后续信息，引导人们前往独立的销售网页网站。销售网页说明出售的产品，介绍产品的优点和功能，并且让人们方便下单。

◎建立一个顾客可以造访的社区网页，他们可以在那里讨论你的产品，分享想法，实际上也互相销售。这个网页可以是独立网站、脸书的粉丝专页、论坛或是讨论区。坚持每天和顾客在这里讨论，让它成为一个潜在顾客愿意驻足的绝佳场所。

◎设立博客，让它成为你营销活动的大本营。持续在博客记录自己为顾客解决问题的进展，并让它成为你最忠诚追随者珍视的聚集场所。

事实上，这个范本的所有元素都可以在网络上找到免费资源来制作。用 Google 搜索，便会找到多种免费的选择，以之建立自己的网络事业。

保持简洁、友善且运用视频

保持简洁已是今日的一项关键营销技巧。人们想直接地了解你知道什么，以便助益他们想做的事。要善加利用，你必须：

◎只有当你已经计划好要随时进行更新，才可把你的业务放上脸书、推特或其他社交媒体网站。社交媒体绝对不是那种一劳永逸之事。通常你必须每天更新信息，才能让它与时俱进。除非使用社交媒体已经成为你的习惯，否则就远离它。不过还是要警告你，如果真的对社交媒体敬而远之，就会错过这些极有价值的工具。即使你还没做好使用社交媒体的准备，仍然应该学习基本的操作方式，并且开始研究未来要如何加以运用。

◎YouTube 网站的影响力已经大到难以忽视。单纯上传一些视频，说明你在做的事以及你为何做这些事，就可以为你的事业带来一些新的潜在顾客。对于和你事业有关的任何事物，要养成随时拍摄一些照片、视频或音频的习惯，以备将这些内容放上网络发挥良好作用。

有很多免费的资源可以协助你参与社交媒体，以及将资料传到 YouTube 上。你可以尝试以下这些：

◎Animoto. com 可以让你上传的照片变成一部精彩的动画片，让你可以骄傲地秀出来。这

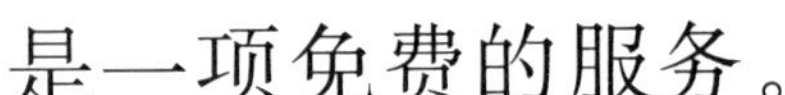

是一项免费的服务。

◎现在的手机大多有摄像头，顾客可以很方便地上传使用产品的照片。这些资料可能变成营销的黄金素材。

◎如果你到 YouTube 快速搜索一下，就会发现一大堆如何上传视频的教程。这很简单——关键在于必须对自己做的事保持真诚与热情。

◎如果你愿意买一台便宜的摄像机，也就等于已经准备好上传一些不错的顾客证言。这样做不能算是免费的——一般摄像机大约需要 100 美元，但你会发现自己从顾客取得的每一个证言，未来都会轻易地为你创造出 1000 美元，甚至更多的额外销售。相较于你的营销费用，这是相当划算的。

做一些事，让搜索引擎找上你

在网络上脱颖而出非常重要。这件事并不深奥，也不需要花钱找人帮你做。整个产业都靠搜索引擎最佳化繁荣兴盛。如果要在 Google 或其他搜索引擎上名列前茅，你必须做到2件事：

◎建立一个非常棒的网站，提供新鲜、高品质的内容，且与关键词相关。

◎逐渐增加你网站优质网页的链接数量。

这样就可以了。别想用任何花招欺骗Google——那里都是聪明人，他们终究会发现你的伎俩，将你排除在搜索结果之外。提供值得高排名的价值，就会有好结果。那么你该怎么做呢？

◎利用Google的免费工具，弄清楚人们找你时较常使用的关键词，然后将这些关键词嵌入你的资料当中。

◎确认自己在Google地图和Google地方信息上被正确标记。在Google地方信息中把资料填写妥当。

◎采取正当的行动提升自己的形象——在其他人的博客上发表评论，建立脸书粉丝专页，或是上传文章到网站。

◎域名要好听，写起来简单，可以直觉感受到并传达出你的特点。做这件事一年的花费还不到 10 美元。

◎要提醒自己 YouTube 已经是网络的 4 大搜索引擎之一。上传一些视频，让人们进入你的世界，强化你的真实性。线上视频能引起顾客兴趣，效果十分惊人。

总而言之，要提供在搜索引擎上名列前茅的价值，然后尽一切努力，持续维持下去。要避免只依赖一个网站，不要将其作为所有流量的来源。依赖一个流量来源的做法是疯狂的——世事多变。多开发不同的流量来源，并努力对每个流量来源进行最佳化调整，这样才稳妥。

画销售漏斗

过去你必须先拟一份事业计划书，然后才能开始创业。现在你只需要一个关于销售漏斗和理想顾客的构想。这很简单，你只需要一张餐巾纸，记下你想做的事，而不需要篇幅长达上百页

的事业计划书。

你的销售漏斗应该像这样：

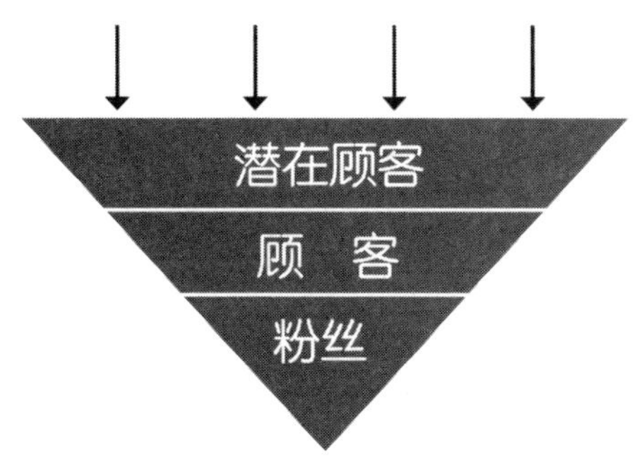

◎你提供高品质的资料，例如免费的报告、电子报、其他信息，吸引人们进入销售漏斗的顶端。

◎设法让他们轻松地向你购买一项低端的入门产品。

◎一旦他们成为顾客，对你提供的商品变得更熟悉，就向他们推销更高端的产品。把他们变成你产品的粉丝。

一旦销售漏斗建成，接下来的任务就是尽可能吸引更多的人进入漏斗的顶端。你整个营运模式就是如此——吸引人们进入你的销售漏斗。理想的方式是先厘清自己的理想顾客具有哪些特点，接着想办法吸引符合条件的潜在顾客。开始的时候先尽可能免费吸引更多的潜在顾客，接着花 1 美元成本，然后是 5 美元成本，以此类推。还有别忘了去了解是否有其他人也在招揽类似的顾客，你或许可以和他们进行合作。

经常挂在潜在顾客出没的网站上

只拥有一个网站还不足以保证网络事业成功。你需要流量，而得到流量最合理的方法就是到你的潜在顾客出现的地方和他们进行互动。事实上，如果你够聪明，应该在建设网站之前就这么做了。如果你做的东西可以解决人们正在讨论的问题，你的成功机会就会增大。

利用 eBay 也是寻找观众的可行方式。先做出原型商品，看看自己能否在 eBay 上达成有利润的一次交易。每天有数百万人次浏览 eBay，因此它是一个绝佳的流量来源。eBay 对产品刊登有严格的规范，禁止直接放入网页链接，但你

还是可以标示自己的电子邮件地址。精明和感兴趣的消费者会注意到你电子邮件地址上的域名，有很大可能晃到你的网站上看看。

除了利用 eBay，你还应该弄清楚自己理想的潜在顾客目前定期造访的网站有哪些，列出这些网站的名单，努力和这些网站背后的关键人物建立关系。你可以做的事包括：

◎在这些网站上的贴文区或讨论区做出实质贡献。

◎提供可能吸引网站主宰人物的实用内容链接。

◎追踪网站背后的关键人物目前从事的其他活动，并主动提供协助。

◎用传统的邮递方式，给他们寄创意卡片或礼物。和他们接触时不要预设目标——只表现出想多了解他们一点的兴趣，并给予他们真心的反馈。

◎提供优质的原创内容，供他们用作网站的

素材。

◎注意网络上那些谈及该网站的言论，一有负面的评论出现，就好好地给予回应。对你想与之建立业务关系的那些人而言，这正是引起他们注意的绝佳方法。

明智地运用传统媒体

传统媒体依旧拥有绝佳的传播力。觉得与它们毫不相干而完全加以放弃是不明智的。一旦传统媒体出现在你面前，你还是应该好好面对。正确运用传统媒体的方法包括：

◎随时准备好一套最新的新闻资料——一直是传统媒体用来了解你的方法。在新闻资料袋里放入公司关键人物的简介、顾客的使用证言、优质的照片、访谈的范例问题和一份自己先前上媒体的记录。你还要加上自己的故事、统计表和联络的详细资料。说明在哪里可以找到你的 YouTube 视频，也会有所帮助。你的新闻资料袋制作得愈好，他们就更容易报道你，或撰写关于你

的文章，向全世界展示你在做的事情。

◎尝试和专精自己领域的那些重要记者和作者建立关系——不用和一般的媒体经营关系。如果可能，看看这些人目前在做什么，并了解他们先前的工作。提供他们会有兴趣追踪的故事构想，试着让自己成为他们的专业咨询人士，这样他们打算写和你的事业有关的议题时，就会向你请教。

◎定期向媒体发新闻稿——说明针对目前社会潮流的整体趋势，自己采取了哪些行动。换句话说，你的新闻稿不能直接说“我们的狗项圈现在有了 3 种新的颜色”，而应该先提到目前宠物犬用品的新趋势，在内容中顺便提起有新的项圈即将上市，以满足市场需求。发布新闻稿可以创造流量和网站链接，并进入媒体的档案数据库。要注意的是，新闻稿应该是一则崭新的故事，而不是一份产品宣传资料。最具人气的新闻稿发布网站有 BusinessWire.com、MarketWire.com、PRWeb.com、GlobeNewsWire.com 和 PRNewswire.com 等。

方便手机应用

网络正面临转型的阵痛期，以适应人们改用手机，而不再使用台式电脑或笔记本电脑上网的趋势。这种状况丝毫不会令人惊讶，因为手机的销售量已经超过电脑很多年了。因此今天的你必须确保你的网页在手机的小屏幕上具有良好的浏览效果，否则你就遗漏了一个主要市场。

这个趋势也让短信营销蓬勃发展。你必须提供一个选项，让人们可以留下手机号码，然后给他们发送有用的相关信息，不要发垃圾短信。提供诱因吸引人们加入，他们就会给予正面的回应。短信是非常好用的自动提醒工具，也可以用来发送折扣券和特别通知等。

Google 已投入巨资推广二维码。使用者只要以智能手机摄像头对准二维码，就可以直接连上你的网站。获得二维码并不需要任何费用（使用 Google 的二维码产生器），它可以用来连上网

站，提供电话号码、多媒体信息、电子名片、日程表、电子邮件地址以及地理位置等。你可以使用二维码提供即时的折扣活动、把顾客加入邮寄名单或展开宣传活动等。

手机配备摄像头的另一项好处是，你可以通过它来获得顾客使用证言和顾客画面。顾客使用你的产品或服务来解决问题的真实照片，对潜在顾客来说具有无与伦比的可信度。这种社会认同对于你未来的营销是无比珍贵的。因此你要向现有顾客提供一些绝佳的诱因，鼓励他们这么做。例如举办一场奖品诱人的比赛，参加方式就是要求他们提供使用你产品的照片或视频。这是一种绝佳的方法，你可以很快获得一大堆很有效、可信度又高的内容。

二 建立网络信任感

现今营销的关键是具备信息价值，能吸引注意力且威力十足。具体来说，任何人只要能够创造出观众愿意买单的最佳内容，他就是最成功、最具影响力的营销人。

聚焦——进行小范围却深入的利基营销

网络让利基市场得以形成。每一块利基市场都需要一位领导者，这正是你在某个领域成为“世界顶尖达人”的机会。对于利基市场而言，聚焦的范围愈窄愈好。你可以而且应该立志在某一件事情上领先群伦，从而闻名全世界。

要让自己成为所属领域世界顶尖达人，就要先找出你的目标观众正在使用的网络论坛。找到后，就要积极参与这些论坛的讨论。不要赤裸裸地兜售东西，要有所贡献，并且乐于助人，要为论坛成员提供协助。在你的每一个贴文结尾附加一个签名档，引导人们链接到你上传的YouTube视频或你的网站。如果你表现得像该领域中知识最丰富的达人，并持续努力扮演这个角色，你就会越来越名副其实。

在这里，关键的作用机制是人与人之间的相互回应，而不是对产品的回应。如果你看得见、找得到，而且具备丰富的知识，人们就会想接近你。当然，你还必须心怀诚意。如果你只是为自己披上达人的外衣，想操纵大家，就会立即被识破。总之，要具备达人的真才实学，并努力为自己的利基市场服务。

制作、提供视频，让人获得真实感

如果你想成为所属领域的达人，那么视频就不再只是一种可有可无的方案，而是一个必需品。你必须采取如下行动：

◎写出所有潜在顾客最可能提出的 10 个问题——让你产生差异化的关键因素。

◎拍摄 20 个视频（每个长度 1～3 分钟）回答以上问题。使用摄像机拍摄，或使用电脑屏幕画面编辑软件 Camtasia（PC 版）或是 ScreenFlow（MAC 版）加以完成。

◎拍摄 4 个极短视频：

——“想了解更多，请点击”：引导人们去看你的系列视频。

——“输入姓名和电子邮件地址，就能看见系列视频”：这段视频放在名单收集网页。

——“感谢注册”：用来确认收到联络资料。

——“来买我们的产品”：用来销售产品的视频。在销售网页和所有寄出的电子邮件中，都要加上这个视频的链接。

所有素材都准备好之后，就把这 20 个视频上传到所有你能够找到的视频分享空间、社区书签、播客目录、社区网络或博客。让这些视频发挥作用，让人们了解你在做什么，并建立你身为达人的可信度。

达人都要制作视频，这已经成为今日世界的基本要求。你的作品不必太讲究或太强调专业性。事实上潜在顾客看重的通常是有用的内容，而不是高超的制作能力。人们会认可你的真诚和真才实学，并予以回应。不用等到有网络摄影棚了才开始制作网络视频，要尽快把品质合宜的素材传送出去，发挥它们的作用，这才是最佳选择。

视自己为领域达人，持续产出优质内容

要被认可为所属领域的达人，最好的方式便是持续产出优质内容，而不是昙花一现。如果人们有机会接触到你所创造的优质内容，就会印象深刻——没错吧？以下是实现的方法：

◎开始把自己当成作者——即使你唯一的作品只是博客上的贴文而已。从技术上来说，这也算数。作者在当今社会是很受尊重的。

◎把你所知道的事写成一本书——可利用99Designs、createspace、Lulu 等网站的资源加以完成。依需求少量印刷的技术已改写图书出版、销售的方式，你的书可以在亚马逊之类的网站销售。

◎利用你的专业知识，写一本电子书——然后加以出售，或是用它来作为取得潜在顾客资料的工具。把精彩内容放进电子书中，通过 Clickbank 或其他网站销售电子书。电子书的绝佳优点就是可以经常更新，还可以把网站链接加进去，读者只需点击一两下就可以向你订购产品。

◎准备一份针对特定对象的电子报——并且定期发送。它可能成为绝佳的收入来源和影响力来源。

◎找出可以免费赠送的东西——目的是创造出一大群未来可能愿意掏钱买你产品的人。虽然 Google、YouTube 和脸书都是免费使用的，但是这些企业却通过销售具有高价值的附加产品而赚取数十亿美元。效法他们的模式。

◎让你的产品充满活力——方法是为你的信

息加上有创意的标题。你的资料要加上那种能吸引人的标题，如“特别报告”或“关于……你不可不知的 7 件事”等。一个吸引读者的响亮标题马上就能提高你内容的价值。

◎采用精明的策略传播信息——不必太过复杂就能有效果。把促销视频上传到 YouTube，或是在自己的博客上张贴一段音频，让自己得以进入搜索引擎的搜索范围，这些都是简单、有效的方式。网络上到处都有传播内容的免费工具，你应该熟悉并运用。

做一些值得分享的事，善用社交媒体

要让人们分享并讨论你的产品，可以充分利用社交媒体。成功的关键就在于拥有真正值得讨论的事物。

目前社交媒体的大佬就是脸书和推特，要有效地利用它们：

◎脸书允许任何企业、组织或个人建立官方粉丝专页及社区页。你要尽可能让更多人愿意加你为“关注”，这样他们未来可以得到你的更多信息。在留意脸书使用规定的同时，积极利用网页引导人们造访你的博客或网站，进入你的销售漏斗。

◎推特是一个持续的即时线上交谈工具。它始于一个基本问题：“你正在做什么?”不过你真正该表达的是一个更重要的问题：“我为何要在乎?”把你在推特上的粉丝当作业务上的伙伴，持续和他们对话。露骨的营销行为在推特上效果并不好，推特更适合非正式对话。把你的一些优质概念和想法加入谈话内容，推特就会变成一个有价值的营销工具。

幸运的话，你做的事会具有新闻价值，像病毒般四处传播。没有任何公式可以确保让这种事发生。它是许多不同因素共同作用而产生的幸运结果，但是真诚并提供高品质的素材肯定会有帮助。如果你做的事真的像病毒般传播，人们纷纷奔走相告，那么你要尽可能享受这股浪潮，好好

加以利用。要让大家为你效劳，你也要尽可能慷慨大方。热情在社交媒体总是无往而不利的。

其他如 LinkedIn 和 FourSquare 等社交媒体同样也能大幅促进你的营销。指导准则是前往你的目标观众所在的地方，让自己得到关注并且可联络。随时展现热情，在专业上表现卓越，社交媒体会放大这一点。当然，你也不要不懂装懂，这样做是无法奏效的。

管理电子邮件营销且实现自动化

电子邮件仍然是网络的主力。电子邮件成本低廉、通行无阻，无疑是最有效率的营销工具。就营销来说，它是一项非常重要的工具。虽然也有人不以为然，但电子邮件的确有效。

有效使用电子邮件的关键在于让电子邮件营销自动化，不再全部仰赖人工作业。在这个领域提供服务的最佳业者有 aweber. com、getre-sponse. com、icontact. com、Mailchimp. com 和 constantcontact. com 等网站。这些网站能够确保你不会被限制垃圾邮件的法规难住，并提供了某些相当有用的电子邮件处理工具。应用这类服务，你就可以建立自己的销售漏斗：

◎如果访客在名单收集网页留下联络资料，就会立刻收到自动回复的信息。

◎该访客还会收到一连串的追踪信息——让人们自己选择不同的网页，你就可以根据他们的兴趣和喜好，寄发不同类型的后续活动资料。

◎你也可以寄发限时有效的信息或促销方案，引导人们前往销售网页、社区网页或博客。

◎随着潜在顾客成为顾客，顾客再变成粉丝，他们收到的电子邮件信息也应该有所不同。你可以用电子邮件来寄送资料、进行追加销售，或是让他们知道你和伙伴合作开发出来的其他商品。如果你已经建立起信任和支持，顾客就会更乐意也更习惯和你进行更多的交易。

电子邮件营销不是单纯地对你名单上的每一个人进行营销宣传，你必须持续地有所作为，以增加价值并建立信任。不急不躁，努力以电子邮件赢得新顾客吧。

不断询问并提供顾客想要的东西

谁是驱动你事业前进的人？如果你够聪明，就应该让你的顾客来驱动它。或者换个方式说，如果你想要一个在网络时代成功营销的方程式，那么它就是：

◎提供大家喜爱的免费赠品，让你的网站访客增多。

◎询问现有顾客想要什么。

◎提供现有顾客想要的东西。

◎一再重复这个循环。

知道这种做法之后，你就应该坚持询问自己的顾客：你接下来该开发什么。询问顾客应该是你最有价值的营销工具之一，它不仅能够给你提供关于未来走向的绝佳提示，还能够提供最佳定价的反馈信息。

这里的根本真理就是被宠坏的顾客最忠诚。

如果你一直以创新方法来宠溺你最具影响力的顾客，他们就会不断向别人宣传你。这完全靠诚恳和实在，不能是虚伪的。只要你能够解决顾客在意的问题，他们就会成为你最棒的口碑宣传者。

让顾客发声也可以建立忠诚度，因为大家都喜欢和自己有情感联系的企业做交易。建立线上讨论区是一个很棒的构想。或者你也可以考虑设立一个会员网站，只允许一些有特殊权限的会员浏览里面的全部内容。还可以将讨论区设计成会员专属网站中的一个有机组成部分，并对讨论区里出现的议题予以回应。你也可以举办竞赛，或是让使用者参与创造可供会员专属网站使用的素材。总之，要好好宠爱你的最佳顾客。

建立、运用第三方营销伙伴关系

零成本网络营销还有另一个可行的策略，就是和其他有渠道接触潜在顾客的公司或个人建立伙伴关系。当伙伴关系能够创造出三赢的局面时，就能取得超乎寻常的效果——新顾客获得更

多好处，营销伙伴生意更好，你的商业利益得到增长。

你应该根据自己的产品或服务类型，与营销伙伴采取不同的合作方式，包括：

◎互惠互利——对方同意向其顾客推销你的产品或服务，你也为对方做同样的事。

◎综合效应——你的贡献正好弥补他们的弱项，反之亦然。

◎联盟营销方案——让你最好的顾客来帮你销售商品。

◎和其他企业进行交互推广——典型的做法是找不会相互竞争但目标顾客类似的企业。

◎友情文章——邀请其他人为你的博客或电子报撰写文章，你也同样向他们提供你的文章。这种方式能让双方都得到原本没有的曝光机会。

◎访谈各个领域的达人——将访谈资料提供给你的顾客。访谈可以通过电话进行，你再把访谈的文字稿放到网站上供人点击阅读（可以利用

InternetTranscribers. com 之类的音频转文字服务网站加以制作。）

◎向你依赖的服务商取经——看他们能否给你一些推荐业务，让你接触新客群或给你更多的网站链接。即便只是简单地表达自己的谢意，都可能带来意外机会，让你的事业得以成长。

讲述你的经营故事，并推销你的理念

你的事业背后有什么样的故事？它对你来说可能是旧闻了——你就是当事人，但请记住，一则好的故事就是一个有力的营销工具。如果你能使用一则吸引人的故事，重点说明自己事业背后的理念和想要解决的问题，那么你就非常清楚地凸显了自己的企业并使其呈现出差异化。更棒的是，一则鼓舞人心的故事可以吸引顾客加入你的旅程，推进你的事业。精彩的故事（即品牌故事）总是能让人追随。

先从“为什么”要成立这家公司开始。你当初投入创业的初衷，很可能不只是想获利而已，

你或许想终结饥饿，让这个世界变得更好；或许想雇用年轻人，传授他们必要的技巧。让你一直尝试追求的目标再次置于聚光灯下。如果你是真心实意的，人们就会被你行动背后的伟大理念所感动进而追随你。写出你的故事并经常讲述，但要抗拒将它美化的冲动——单纯地呈现它原本的面貌就好，人们更喜欢原汁原味的故事。

事实上，通过分享故事，你已经传达出你与众不同之处。无需刻意为之，你的营销诉求已无人可匹敌。同样，你的故事也会在同道中间产生共鸣。

记录并说明自己的创业理念，也可能带来一些有价值的效果。如果你的想法得到某些重量级人物的共鸣，你就会发现不用付出任何努力或代价，自己就会被推销到非常广大的市场。那些具有影响力的人士，一直都在寻找能够反映并推动他们自己世界观的有趣构想、产品和服务。如果你很幸运，你的追求和他们的相同，一扇神奇的门或许就会为你打开。就算未必认同你的主张，对你的直率坦白和公开透明，他们也会表示尊重。而这一切，都始于你写下事业背后的故事并进行分享。

三　持续跟进

现今销售的关键是要记住：顾客在接触你之前就已经懂很多了。他们已经在家里做好了功课，了解每一位竞争者的提案。如果你想成功，就不能只靠某些事实去赢得顾客的青睐。你还必须表现出真诚，因为仅存的卖点就是你自己。

在网络上自在地呈现自己

在网络上做营销，除了讲述自己事业背后的故事，你还必须推销你自己。最好的方式是：

◎用自嘲的方式来表现幽默感——你不是一个过于严肃的人。

◎多表达一些意见——只要你也留下一些空间让别人发表意见。

◎结合服务与营销——效法 CleaningForAReason. Org，他们针对任何接受化疗的患者，提供免费的家庭清洁服务。

◎乐于辩论。

◎不要畏惧寻求帮助。

◎勇于挺身而出——对攸关自己顾客的重要议题，公开、明确地表明立场。

◎展现艺术气息——让大家知道你的所作所为正是你内在艺术特质的自然释放。人们尊重才华。

◎要言行一致——让大家了解你对自己的事业充满热情。顾客会被这种热情感染。

要清楚地表达你会不计一切代价把顾客的最佳利益当作第一要务，这正是零成本营销的终极策略。

成为达人，让大家都喜欢向你买东西

当今市场的顾客都喜欢向某一领域的达人购买东西。达人要如何让自己脱颖而出呢?

◎制作视频，分享自己的专业知识和技巧。

◎提供教练和咨询课程。

◎授课、演示。

◎录制音频并用播客传播。

◎参与网络研讨会。

◎针对既有的作业方式提出改善方案。

◎认真经营人际关系，展现出对某个产业的领导能力和创意。

◎对自己的领域具有充足的知识，且在大家看清楚状况之前，洞察最新的发展趋势。

要成为达人需要付出相当多的努力。但这是可能的，且值得去努力。身处 21 世纪，每一种领域的达人都有可能赚到相当多的财富。

那么你该如何成为一位达人呢？很明显这个过程不会在一夜之间完成。你要循序渐进，逐步达到这个地位。通常的方式是：

◎下定决心，开始用达人来定位自己。

◎大量学习，随时跟上自己所属领域的最新状况。

◎逐渐形成、分享自己的新颖构想，参加训

练咨询和网络研讨会。

◎进行业务外包，让自己更多地专注于事业发展，而不是被日常业务绑住。

广泛频繁地进行互动

在网络进行互动是非常具有威力的构想。工具有很多，也都可以免费使用。要充分利用网络营销，就必须随时随地进行互动。网络互动的方式包括：

◎从一个构想和一个脸书上的网页开始，试着与你的粉丝互动，创造内容，然后整理成一本书出版。

◎在你的网站上提供一个资源网页给顾客，在那里持续追踪他们可能找到的有用工具。再让你的顾客给出可以加入工具箱的新网络工具建议。

◎利用 Google 日历协调大型团体的行动，让大家一起努力朝目标奋进。

◎利用 Google 文件允许多个使用者在不同

地方阅读、编辑文件的功能，让顾客记录创意思考。

◎利用推特作为即时互动工具，它的“＃”标签功能可以让人们方便地把想法传达给其他人。

◎设立博客，让访客可以发表评论。还有其他附加工具，可以让访客对别人发表的评论予以回应。让大家共同合作，协助解决每一个人的问题。

◎每次上传新素材到 YouTube 时，都鼓励观众留下评论和建议。请求他们提出还想看哪些东西，为你继续行动、努力指引方向。

简单来说，运用这些网络互动工具，你的事业就可得到世界各地人士的助力。网络互动是事业营销的绝佳方式。

运用小测试，走向成功

小测试可以说是区分营销的超级达人和失败者的试金石。超级达人会比较营销方式，找出成功的一种。

那么你该如何进行小测试？方法很简单：

◎建立基础的产品或营销方案。

◎改变基础方案的一项内容（比如标题），做成另一套产品或营销方案。

◎将绝大部分流量继续引向基础方案。

◎将剩下的部分流量引到第二种方案，直到累积足够的标本。

◎比较哪种方案成效较佳——是基础方案还是新方案。

◎把较佳方案变成新的基础方案，然后再在它的基础上略加修改，继续进行另一轮测试。

如果你到网络上看看，就会发现有一些网站、博客或书籍的使命就是教导并宣传小测试。你也会发现一些可以用来进行小测试的免费工具。

就算对小测试没有深入研究，你也可以操作，对自己的营销内容进行微调或最佳化处理。

小测试说穿了也不过是以科学、系统的方式进行营销而已。它是值得尝试和采用的。

永远不要停止学习

营销最美妙之处是永远不会停止改变，无论是网络营销还是传统营销。崭新的营销手法总是会出现，新的策略会脱颖而出，创意会不断浮现。你唯有继续不断学习，才有能力去运用新构想。

整体而言，热爱学习其实也是一种零成本营销技巧。如果要强化自己的创造力，你就必须一直进行学习和做笔记，方法包括：

◎总是随身携带一个笔记本，把你想到的新构想都记下来。你也可以从每天接触的广告里，把自己觉得有趣的用语和创意记录下来。如果携带笔记本不方便，你或许可以考虑使用 EverNote.com 网站的工具，把笔记储存在云端。

◎在你看电视、阅读杂志或听到广告的时候，把能够吸引你的标题和会让你有感觉的语句记录下来。对任何营销人来说这些都是重要积累，要尽可能四处汲取灵感。

◎当你听到一个让你感动的故事时，写下内容提要，或许你会在不久的将来用到。

◎定期造访亚马逊网站，记录整个图书市场和你所属领域的最畅销图书。写下这些图书带给你的想法。

◎建立一份清单，列出能协助你将事业推进到更高层次的有力人士。设定 Google 快讯功能追踪他们正在做的事。努力对他们的行动给予支援。这样做会强迫自己学习更多，并习得更好的技巧。

◎每天都要花点时间，不求回报地为别人做一些事。这样可以帮助你在人生中保持良好的平衡，并为你的事业带来忠实粉丝。这也是一件你应该做的事。

铁腕执行力

Ruthless Execution

What Business Leaders Do
When Their Companies Hit the Wall

原著作者简介

艾默·哈特曼（Amir Hartman），美国加州大学伯克利分校哈斯商学院教授，策略服务顾问公司 Mainstay Partners 创办人兼 CEO。曾为哈佛商学院互动课程资深研究员，目前从事顾问工作，服务领域包括消费性产品、制造、零售和商业服务等。著有《企业 net 化的策略与原则》《寻找数字优势》等。

本文编译：陈智文

主要内容

企业面临困境时的作为

成长中的企业迟早都会遇上“撞墙效应”。也就是说，因为经济环境不佳、决策不良、执行无效、创新缺乏、市场机会错失或其他情形，企业成长变得缓慢。过去，“撞墙效应”可能意味着企业遭遇重大问题甚至破产，现在，领导者却可以趁势逆转，为企业注入新的生命或重新定焦。而铁腕执行力也就是面对企业逆境时领导者所采取的行为模式。

传统上，企业面临困境时一般有两种策略：

◎连跑带投策略——继续追求伟大、崇高的愿景，并期望以此掩饰公司基本面的不足。

◎刀耕火种策略——为了恢复企业获利能力，实行大规模的裁员和不受欢迎的成本精简措施。

另一方面，铁腕执行力则意味着，置身逆境可以带来一些正面影响，迫使企业重新聚焦。以下是企业面对逆境时必备的3种能力：

关键思维

◆一旦企业发觉自己陷入停滞，领导者就需发挥铁腕执行力。铁腕执行力以三大领域为架构，涵盖CEO的日常作业：领导力、管理力和调整力。成功发挥这些能力，并不一定能帮助你突破困境。这只是指出，要成功走出困境，企业领导者应具备的一般能力（或行为习惯）。你可以采用其中一两项策略，再加上自己的努力，成功带领企业走出困境。

◆在经济动荡的环境下，人们越来越深切认识到事业会有起落，有很多企业会由盛转衰。这

个新近的商业现实是如此残酷：企业不再像过去那样稳定地向上攀升，而是会不时遭遇困境，起起落落将成为企业的生存模式。铁腕执行力会诚恳、踏实地应对这些困境，帮助企业渡过一个又一个难关，勇往直前。

——艾默·哈特曼

一　领导力——重新校准策略

要应对挫败，就必须先决定对公司和自己来说最重要的是什么，并放弃或出让任何与目标不相符的项目。在实务操作上，需要做到以下两点：

领导力

重新调整事业组合

采用焦点明确的经营哲学

重新调整事业组合

企业陷入逆境时的首要任务是评估企业该往何处去，并努力朝那个方向前进。重新校准企业策略意味着：

◎重新调整公司的事业组合和其他成长方案。

◎针对所有方案，评估如何配置资源。

◎决定公司该朝哪个方向前进，以在未来占据最有利位置。

只有极少数高层经理人有重新校准企业策略的经验，大多数公司很容易紧急刹车，全面裁减，好坏通杀。这么做虽然有助于应对短期问题，却无益于公司的长远成长。另一方面，企业领导者的偏见和企业内部的权力角逐也可能干扰重新校准策略。

一般来说，执行重新校准策略时，应遵循以下顺序：

◎聚焦——决定公司未来创造附加价值的方法及主要优先事项。

◎均衡——平衡成长方案（未来收获）和营运方案（立即收获）。

◎配置资源——让投资和策略重点相匹配。

◎责任制——制订绩效评价指标，为未来决策积累量化数据。

以下是成功执行重新校准策略的方法：

（1）不仅平衡长短期项目，还为以下项目预留空间：

◎削减成本或其他重大支出。

◎建立优质的营运模式。

◎允许某些新构想进行合理的实验。

◎实现产业的重大突破。

（2）确立管理事业组合的原则，以准确追踪涉及公司数个部门的新提案，且以坚实的数据确定优先顺序。

（3）在尝试某项革新或创举之前，先有效经营现有事业。

（4）把焦点缩小到 2～3 种新事业项目上，而非尝试更多的成长机会，以免无法管理。

（5）清楚了解策略组合中不同事业项目的获利率并评估其风险。

在艰难时期，大多数企业领导者倾向于先稳定现状，再考虑成长：有效经营和削减成本似乎

更重要。企业领导者必须确定，追求什么样的成长才能真的为公司创造价值。

在确定事业项目组合时，最该避免的错误包括：

◎试图一次做太多的事。如果能聚焦于少数项目上，就能充分运用资源。

◎在决定推动新构想前，先观望整体商业环境有没有改善，结果可能把竞争优势拱手让人。

◎宁愿固守熟悉的业务，也不愿进入新产业。如果原产业前景看好，这么做当然没有问题，不过若有充分理由显示该转移阵地，固守就会造成问题。

◎在面对未来的新项目时，投资热情不足，从而妨碍新项目发挥作用。

◎刻意避免成为业界先锋，甘愿把领导地位拱手让人。

采用焦点明确的经营哲学

经营哲学是一套指南或管理方针，能帮助领

导者传达企业的核心价值。经营哲学是企业文化的基础，可以帮助领导者决定该采取哪些步骤来突破困境。

经营哲学都是独特的，反映了领导者的特质。好的经营哲学能够引导员工思维，比如：

◎IBM 企业文化的核心是“思考”。重“思考”文化可以广泛运用于企业的各个环节，它具有启发性，可鼓励员工谨慎面对工作。

◎在前 CEO 杰克·韦尔奇时代，通用公司的经营哲学是：“业界第一或第二，否则就退出”。它清楚地传达了企业的意图。之后，韦尔奇又提出另一个经营哲学——“无边界”。大家都知道这代表消除任何边界和隔膜，以进行良好沟通。

前后一致的经营哲学能激励员工。好的经营哲学会让公司的策略和目标不言而明，也能引导员工去做什么。最重要的是，经营哲学有助于每个人把心力用在做正确的事，也就是对公司来说

重要的事上。

在形成并清楚传达经营哲学的过程中，领导者会反省组织的优缺点。这种客观的评估也能发现企业目前的困境是由企业内部造成的，还是外在环境影响的结果。一旦厘清，领导者就能决定是该采取激进还是渐进的行动。

当然，经营哲学若无法清楚、持续地向所有人（包括企业员工、管理团队、股东和其他利益关系人）传达，就没有什么价值。以下是传达经营哲学的方法：

◎永远清楚、诚实地沟通“该做什么，不该做什么”。这是有话直说的时候，不要有任何曲里拐弯或暗示。

◎信息公开，不制造任何意外。大家都获得一致的信息，清楚企业该专注于哪些事情。提出明确的期望，坦白、不掩盖重要议题，让每个人朝同样的方向思考。

◎区分情感与事实，并专注于事实。提供证

据说明，企业为何选择这个方向，而放弃其他选择。

◎坚守承诺，特别是员工完成任务后的奖励。如果在危机时承诺员工，却在风暴过后翻脸不认账，那么一旦企业再次遭遇困境，员工就不会相信任何承诺。坚定地执行自己的承诺，如果做不到，就别说。

关键思维

事实上，企业领导者需要改变自己的行动方式并调整自己的工作重心，而不需要改变自己的特点和性格。企业领导者有不同的人格特点：有的是伟大的演说家，外向且积极进取；有的则比较内敛、害羞、谦虚。突破企业困境所需的领导力和人格特点并不相干，它只要求企业领导者客观、坦率地应对企业的各项选择和游戏规则，并采取必要的行动。

——艾默·哈特曼

二 管理力——重新校准标准

一旦决定目标，就该思考该如何达成，这要求改变企业的作业常规或管理原则，包括以下三个领域：

管理力
建立责任制度
制订精确的绩效评价标准
灌输纪律

建立责任制度

有些企业之所以陷入逆境，是因为创造利润的责任没有落实到个人头上。因此，企业领导者必须建立健全的责任制度，让员工有责任实现目标。

责任制需要个人实现承诺和目标，并承担未

达成承诺的后果。此外，承担责任也意味着把企业整体利益置于个人职涯，或部门的利益之上。责任制也要求大家朝着同一方向努力，而不是各行其是。

方向一致非常重要。如果员工、华尔街和媒体都明确了解企业的目标和重点，那么企业将更容易有所进展。如果大家心存疑惑或是方向不一，企业就无法顺畅、有效率地运作。

创造可行的责任制必须做到：

◎企业领导者持续传递一致的信息——让每个人有相同的认知。

◎由上而下——CEO为最后的结果负责。如果CEO带领企业走入困境，又不负责实现逆转，那么董事会就会对CEO失去信心，最后换人。这也是企业执行责任制的表现。

制订精确的绩效评价标准

强化责任制的最有效方法是建立一套绩效评价制度。有效的绩效评价制度必须具备以下几个

要素：

◎帮助员工学习对企业来说，什么才是重要的。

◎协助领导者制订长期目标，并将其分解为一个个可落实到日常作业中的小目标。

◎帮助传达目标和策略，建立一个以工作绩效为导向的组织。

◎让领导者可以根据统计数字评价实际绩效。

◎必须简单、透明且适用于整个组织。

请牢记，绩效评价制度的目的是追踪成果，因而策略组合中的各项目都需要不同的评价标准。

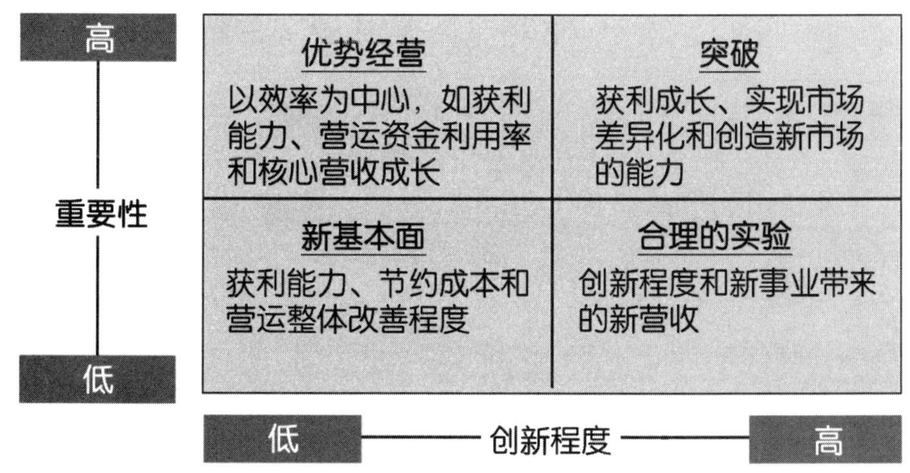

左侧的活动以绩效为基础，最适合短期评

价，传统的评价工具如投资报酬率和现金流量分析都有很好的指标作用。

右侧是成长方案，应从长远来看。如果项目成功，通常会以小投资获得高收入。对成长导向的项目来说，传统评价工具完全无用武之地，因为这些项目的推进速度太快，唯一有意义的评价工具是预估的未来收益或增加的股东价值。这些评价标准也有改变的趋势，因为项目本身会不断演变。所以，要进行前后对比可能不太容易，需要尽量避免评价标准的无意义对比。

以下是建立可行的绩效管理制度的关键：

（1）切忌绩效评价标准过多——找出并谨守几项能确实反映事业重点的评价标准就可。

（2）把提高股东价值当作企业重心——并建立追踪这项绩效的评价标准。大致而言，股东价值会由以下几项数据反映出来：

◎营收增长。

◎现金流量。

◎营运资金需求。

◎投资报酬率。

（3）确保评价的项目都攸关企业整体绩效——且与公司策略的优先顺序相符。如果毫无关联，就不需评价。

（4）确保评价标准清晰且严密——有利长期施行。

（5）每两年重新评估评价效果——评价标准是否恰当且有价值。

（6）采用有事实根据的评价方式，设定有弹性且可信的目标，杜绝一厢情愿的做法。

（7）专注在真正重要的事情上——评价结果而非展现期望。具有现实性才有价值。

（8）采用可实际执行的评价方法——且能反映员工日常作业的改变。

灌输纪律

在企业从逆境中突围时，纪律意味着大家了解该做什么，并力保做到。也许这听起来简单，但对许多企业而言，却是十足的挑战。

纪律的重点在于产生成果。企业领导者若想成功地建立有纪律的组织，就必须以身作则。如果员工发现领导者毫不讲究组织纪律，员工也自然工作热情下降，不求创新与效率。

落实纪律必须搭配奖惩制度。企业领导者若奖励对绩效有帮助的行为，大家自然明白这就是自己该做的事。许多企业都陷入奖励错误行为的陷阱而不自知。

一致性可加强纪律。如果企业领导者持续强调相同的事项，员工就很难做出背道而驰的事。大家都不喜欢浪费时间或精力。持续传达一致的信息，员工就知道该如何避免徒劳无功。

还有一件值得注意的事，就是有效的纪律并不一定需要惩罚做错事的员工。如果员工真的犯错，严厉的惩罚是不具有任何意义的，这样做反而会使员工停止试验新构想。建立纪律的方式应该是鼓励员工从试验和错误中学习，这样员工才

不会一再做成效不彰的事。

关键思维

◆在创造最理想长期成果的前提下，公司最佳的短期绩效会是什么？或许原先预期公司今年可以创下 20% 的营收成长，结果你选择只达成 10%，然后把剩下的资源投入产品线和制造设备，换取 3～4 年后更高的成长。有助于未来最佳绩效的短期表现是什么？这才是绩效评价的关键问题。

◆企业通常会起起落落，且大多会经历事业绩效的高原期，甚至不止一次陷入困境。不幸的是，大多数企业的转型一开始都进展迅速，但通常过了两年就逐渐松懈。大多数企业会自认为已经完成转型，进而开始自满。别误会我的意思，我发现大部分企业只持续评价转型活动本身，却不评价真正重要的转型结果，然后就直接进入“自动驾驶”状态。随时注意征兆和定期评价极其重要，要让其成为企业的基因，而不是一次性活动。

——艾默·哈特曼

三　调整力——重新校准业务

知道想达成的目标及实现的方法后，就需有效执行，推动事业前进。调整力聚焦以下三大领域：

调整力
进行成本管理，并提升生产力
进行人才管理，适人适任
进行并购、收购和抛售

进行成本管理，并提升生产力

专长是一家企业在市场上和其他企业相区别的关键。调整力则是帮助企业有效经营的必要行动能力。对大多数企业而言，调整力主要体现在以下三个领域：

（1）成本管理。成本管理的关键在于找出成本发生因素与企业创造价值的关联。发出“整体成本必须降低 10%”这样的命令是毫无意义的，而且这种权宜之计可能对带进绝大多数利润的那部分顾客冲击过大。只有了解利润和价值是如何产生的，才能作出降低成本的合理决策。

企业领导者唯有了解顾客构成及利润、价值的来源后，才有可能辨识边际资产——或将其缩减，或利用外包方式取代，来达到降低成本的目的。

（2）营运资金管理。太多的营运资金可能削弱生产力。许多企业的营运资金占整体可用资金的 15% 以上。如果能减少不必要的营运资金，便可以真正持续提升获利。

管理营运资金的部分挑战是营运资金分布于企业各部门及作业流程中。大多数企业都欠缺积极管理整体营运资金的“专人负责”制度。成功降低营运资金需求的最佳方法是为不同决策者提供诱因。如果每位决策者都专注于减少其营运资

金需求，那么更有效的现金管理制度就会成为企业文化的一部分。

（3）科技导向，提升生产力。突破困境的领导者会充分运用 IT。他们会在 IT 上投注更多的时间与精力，而且也会更积极地参与计划、执行和评价 IT 投资。

常见的 IT 投资包括：

◎最佳化——总支出的 10％～15％。让现有流程达到最佳化。通常，可预期每个价值链要素达到 1％～2％的改善。

◎重建——支出营运毛利的 3％。重建核心作业流程。

◎突破性发明——资本投资获利得到 10 倍的改善。建立新的作业流程和新产品线。

该如何以科技提高生产力呢？

◎确认 IT 投资是用在正确的事上，而非只是为了提高目前的作业速度。

◎让 IT 成为创造价值的力量，并将其打造为可以充分运用的资产，而不只是为了拥有最新、最好的科技。

◎将IT融于事业策略，让IT为你工作，而不是让你为它“卖命”。

◎严格遵守自己排定的IT投资优先顺序，并评价成效。

◎避免过分投资，按需求分阶段进行。

◎每三个月评价一次，准确地追踪IT提升生产力的程度。

进行人才管理，适人适任

人才管理是一项潜在竞争优势。道理非常简单，如果企业能做到适才适用，就能长久留住人才，替未来的成功布局。除非有适当的执行者，否则世上所有伟大策略都毫无用处。

人才管理不需要弄得那么复杂，只需做以下几件事：

（1）持续吸引最佳的人才。顶尖高手都希望加入真正卓越的企业，因此吸引最佳人才的好方

法就是确保企业年复一年都有突出的表现。

（2）企业至少需要一年评价员工一次，然后依结果晋升表现最好的人，开除最差的，并提供员工改善绩效的详细信息。除非企业的人力资源管理水平不断提升，否则无法吸引员工留下，乐于进取的人自然另谋高就，同样，好的组织也不会收留表现差的人。

（3）由内部晋升人才充任管理职缺，并建立一套辨识、培养和推荐未来领导者人选的程序。要付出心力从内部员工中培养下一代领导者，而非向外寻找。一定要从内部晋升管理人才。

（4）定期重新校准人才。也就是说，检视公司的知识资本，针对达成未来目标所需聘用的人才类型，提出一套指导方针，让最顶尖的人才有机会晋升到组织最高层。

进行并购、收购和抛售

重新校准业务的最佳方法之一，就是进行并购、收购和抛售。在许多情况下，企业领导者把大部分时间花在处理交易细节上，而未认识到真正的利益其实来自交易本身。

在目前的商业环境中，业务外包被视为抛售的一种形式，非常受欢迎。一般人相信，业务外包的成本低于自己生产。事实上，有近半数的外包业务会在5年内消亡。当然，业务外包无法如预期般将工作绩效的职责转嫁出去。即使订有业务外包协议，企业还是必须投入时间、精力和资源去管理外包业务。

收购是许多企业寻求成长的主要方式。只要企业在进行收购的同时也努力增加营收，这不失为一个好策略。真正的挑战不在于收购谈判本身，而是如何整合被收购的企业。理想的情形是，企业在完成一项又一项收购的过程中，逐渐培养出这方面的专长。如果企业领导者分析每一次收购并从中汲取教训，长期下来，便能形成成功的收购模式，使之成为企业文化的一部分。

抛售就是出售企业或事业部门，它甚至比收

购更困难。出售企业拥有的资产或事业通常也关系到情感。一般来说，企业只愿意出售绩效不佳的资产，并希望尽快完成交易，以便将资金用在其他地方。只有极少数企业会出售高绩效事业部门，从而将资源集中投入到其他核心能力上。通用公司在20世纪80年代初期曾放弃若干表现强劲的事业，以便更专心致力于其他成长领域，或许这正是抛售的最佳范例。

关键思维

在景气好的时候，轻轻松松就能做成生意让业绩成长，但也很容易忽略能确保公司有更好未来的正确行动。有时候，正确的策略或许是稍稍牺牲目前的成长，让公司未来站上更好的位置。

——路·普拉特

惠普公司前董事长兼CEO

◆调整力以行动为导向。公司在做好向前迈进的准备及投入成长项目前，必须确认公司已经做好生产力管理的工作。成功的成本管理和生产力可谓公司健康成长的必要条件。如果公司对这两件事疏忽，就无法赢得华尔街或金融界的信心。

◆愈来愈多的CEO表示，会把聘请最好的人才视为主要工作。人才管理不只是尽可能雇用最好的人才，还包括摆脱拖累公司的庸才。当然，对企业领导者来说，寻找人才通常比开除庸才容易。大多数企业领导者都知道，没有比开除员工更难的事。最糟的情况是，必须开除和自己亲密共事的人。

◆成功的领导者热衷于并购、收购、抛售。他们会积极管理事业组合以度过动荡时期。他们不仅擅长管理事业组合，还具备应对不确定因素的绝佳能力。

——艾默·哈特曼

管你的风险　创你的业

Low Risk，High Reward

Starting and Growing A Business with
Minimal Risk

原著作者简介

鲍勃·瑞斯（Bob Reiss），毕业于美国的哥伦比亚大学和哈佛管理学院，R&R 娱乐用品公司创始人。曾参与成立 14 家公司，其中 R & R/Valdawn 在 1992～1994 连续 3 年被美国《公司》杂志评选为全美成长最快的公司。在全世界超过 80 所学术机构担任专职或客座讲师，也是美国创业领域颇受欢迎的演说家。

杰弗瑞·克鲁克桑克（Jeffrey Cruikshank），毕业于美国的安默斯特学院和哈佛商学院。历任企业顾问、学报编辑，为 Cruikshank 公司共同创始人，曾为众多知名机构、企业提供资本、发展策略咨询服务。

本文编译：曾湉菁

主要内容

低风险、高报酬

一般人认为大多数企业家都能“张开双臂，拥抱风险”，其实不然。

有一种被称为“低风险企业家”的人，他们总会铆足全力降低风险，视之为企业要务。他们会尽可能地预期、减少、抵消风险。有时候，他们会在交易过程中结合许多附带条件，以抵消风险；有时候，他们会与第三方签订协议，以特定报酬交换部分风险。通过上述策略，低风险企业家积极管理风险，而非忽略或试图完全消灭风险。

低风险企业家也通过开创、建立对顾客具有真正附加价值的事业，获取高报酬。即使开创新事业时面临险阻，他们仍会以满腔热情开发很棒的产品，并集中全力抢订单，紧盯消费者的重复购买率，持续发展事业。简而言之，低风险企业家不但自己能吃到市场里的一块饼，还会努力为市场中的每个成员把饼做大。

事实上，低风险、高报酬就是低风险企业家的终极追求。

关键思维

◆采取行动，这就是创业家精神——区分男人与男孩、女人与女孩，以及言出必行与装模作样之人的标尺。勇往直前，以实际行动创业，这对许多人来说都是相当困难的，对初次创业者更是如此。

◆许多企业家都在第一次创业时吃了败仗，有的人因此破产。但失败以及撑过失败的过程，对他们来说好处多多。他们学到了具体、深刻的教训，知道自己下次该怎么做。更重要的是，他们认识到自己有多大韧性，明白了自己身边谁是好人，谁又是坏人。这么说好了，在美式橄榄球

“超级碗”赛中，是赢方的四分卫学得多，还是输方的学得多？

——鲍勃·瑞斯　杰弗瑞·克鲁克桑克

一　确保低风险的能力组合

成功企业家所需的条件并非与生俱来，而是靠后天培养。低风险企业家尤其有弹性，能随时应需要而改变方向。他们也很精明，能够辨识并把握别人忽略的机会。

低风险企业家需要具备以下能力：

◎适当的人格特点。

◎财务数字能力——正确地理解、运用数据的能力。

◎精准地发现、管理、降低风险的能力。

适当的人格特点

企业家形形色色，有不同的年龄、性别及教育背景。然而成功的企业家却多半具有以下10种明显的个性特点：

（1）热情——唯一能弥补经验不足，并且吸

引适当的投资者、员工、顾客与供应商共同参与新创事业的特点。

（2）好奇心——促使企业家提出有关产品、顾客、产业的各项必要问题。

（3）工作伦理——即使有聪明与良好的规划，努力与牺牲永远是必要的。

（4）体能——让企业家在做自己热爱之事时活力十足，此种活力也表现在一般工作上。

（5）弹性——让企业家面对新机会或意外阻碍时，能在固守与灵活调整企业计划之间找到微妙的平衡。

（6）平衡与冷静——能在常规工作的间隙，定期休假充电，为自己补充新的知识并满足好奇心。

（7）坚强的意志——即使路途布满荆棘险阻，求胜成功的意志绝不动摇。

（8）某种程度的自我主义——除非企业家相信自己理当成功，否则在麻烦一出现时他们很可能就退缩了。

(9) 有点贪婪——认为自己有机会在未来赚到比现在更多的钱。

(10) 廉洁正直——坚守良好的商业道德，原因如下：

◎这是长期自在过活的不二法门。

◎员工愿为廉洁正直的企业家更努力地工作。

◎顾客与供应商也支持廉正的企业家。

◎好名声会传遍千里并且会一辈子相随。

除此之外，企业家还必须具备（不足者要想办法培养）以下 4 大基本能力：

◎创意力——一丁点知识结合直觉，就能激起驱动新事业长期成功的火花。

◎沟通技巧——具有很强的写作能力，能做有效的演示，并能以共情的方式倾听别人。

◎销售能力——在任何行业，说服他人认同你的观点，并依照那个观点行动，是得到订单的

关键。

◎决策能力——新创企业最主要的竞争优势，就是具有比大公司更快作出决策的能力。

财务数字能力

一言以蔽之，除非你能持续了解公司4大主要数据，否则你成为成功企业家的机会会大大减少。

以下是你必须了解的公司4大主要数据：

（1）公司的整体财务状况——每个星期简略分析资产负债表。在资产部分，把流动资产、库存与应收账款加起来；在负债部分，把应付账款加起来。追踪并比较每月的支出、营收以及截至目前的年营业额和未来的订单。财务概况能让你知道公司目前的运营状况。

（2）最新的现金流量表——会在“商情”出现任何变动前发出警讯，使你及时应变。好的现金流量表会列出财务预期状况，预测未来一年每月营业额，详细列出每项收入来源、每月支出，以及未来一年每月预期现金收支信息。现金流量表对规划未来时间表以及吸引外部投资十分重要。

（3）最新的产品成本分析——简单地说，除非持续追踪产品成本的最新变化，否则你可能不慎批准对公司无利可图的交易。为了避免这点，你必须经常计算、核实产品的实际成本。

（4）损益平衡分析，包括公司整体与每条产品线——重点是，这项分析可以告诉你，必须有多大的营业额才能负担所有固定成本。每项产品都应有自己的损益平衡分析，合起来就是公司整体的损益平衡分析。这项分析不是很复杂，但对制订营销目标而言，具有重大的参考价值。

有了以上 4 大数据之后，就可以运用其他报表了解更多细节：

◎销售报表以及销售额的逐年比较报表。

◎依不同产品线或销售渠道统计的销售额。

◎应收账款的账龄分析。

◎每位业务员的业绩报告及其与上一年度的比较。

◎每个销售区域、分销渠道的获利率。

◎财务比率及其他数据。

各类财务报表要力求掌握平衡。既要有足够的数据与报表让自己了解公司的实际状况，同时又务必保持简单。任何数据或报表都应该用来帮助自己作出更好的决策，否则就别多此一举。

精准地发现、管理、降低风险的能力

成功的低风险企业家并不需要完全规避风险，他更需要持续运用可行的策略，降低或有效管理风险。策略必须持续运用，因为实际风险通常都比当初预估的高。

要实现低风险，企业家应运用以下策略：

(1) 增加知识、经验与信心：

◎与能提供帮助的人士建立关系。

◎进行良好可靠的规划。

◎与顾客或供应商建立伙伴关系。

◎购买他人技能。

◎与现金充足的伙伴合作。

◎加强业务团队的专业技能。

◎投资员工训练计划，并留住优秀员工。

◎充分激励员工。

◎在未来计划中预留较大的弹性空间。

◎增加体能，以便未来做更多事。

（2）把大型项目分割成不同的执行阶段，既可以分摊成本，又可以为后期执行创造动能。

（3）尽可能将固定成本转变为变动成本，以更容易达到损益平衡点。做法如下：

◎付业务员提成，而不是固定薪水。

◎外包生产作业，不要自己拥有工厂。

◎把不能为公司增加价值的业务外包出去。

◎雇用自由职业者，减少固定人员。

◎给员工提供更高的奖金，较低的固定薪水。

◎找到事业上的良师益友，获得专家级建议。

（4）与同侪团体中的其他企业家交流，了解

他们如何处理你面临的问题。加入产业协会，了解可以取得哪些政府资源。在类似的领域中找到志同道合的朋友，与他们交换意见，获得新点子。

（5）加入创业孵化器之类的社团或组织，好的孵化器课程可以让你获得以下好处：

◎实际的管理协助。

◎取得早期融资。

◎取得重要的创业支援。

◎找到适当的技术协助。

归根结底，每位企业家都必须诚实地回答下面这个关键问题："我能承受多大风险？"

这个问题的答案因人而异，也决定当事人会采取哪一种降低风险的策略。如果一位企业家的风险门槛很低，相比风险承受能力较强的企业家，他显然要多花点时间与力气，找到降低、分摊风险的方法。

风险承受能力并不是未来成功的指标。历史上有些成就极大的企业家就十分厌恶风险，而另一些伟大的创业家却拥有超人般冷静应对风险的能力。风险管理和大多数事情一样，都有赖适当的平衡。

关键思维

企业家对新机会总是充满兴趣。他们运用很少的资源，一旦有额外需要时，就利用外部资源。他们很快就能投入其中，追求渐进式成果，然后按大家创造出来的价值给予酬劳。

——霍华德·史蒂文森

哈佛商学院教授

在并购新创企业时，我们希望它具有诚实、正直的品格，这是首要条件。如果我们怀疑它接近或超过道德底线，或者它就是给人不对劲的感觉，那么即便这家企业握有治疗癌症的灵丹妙药，我们也很可能不会买。

——比尔·杜尔，强生公司

◆一般人认为企业家喜欢风险，其实不然，

企业家不会早晨醒来一睁开眼睛就想去冒险。事实上，他们尽其所能地预期、降低、抵消风险。你也可以用其他词来表示这个意思。然而这并不意味着你就应该完全不冒风险，或不犯错。相反，你最好冒险也犯些错！害怕犯错是扼杀创意的“致命病毒”。当然，你应该在建好了“防火墙”之后才去冒险。

◆热情使你迈出第一步，帮助你在必定来临的艰难时期坚持下去。成功后需要更多的热情支撑，因为你的成功必定会吸引竞争对手加入市场，引发更激烈的竞争。如果在“饥饿”而又充满激情的竞争对手进入市场时，你还为自己的成功沾沾自喜，就要小心啰！

——鲍勃·瑞斯　杰弗瑞·克鲁克桑克

二 实现创业、成长

低风险企业家会成立新公司，嗅出可行的商机，以此追逐高报酬。哪怕遭遇资金不足或阻碍，他们依旧会信心十足。

任何新创企业都应遵循以下3大原则：

◎找到一个好点子，充分发挥其商业潜力。

◎找到创业方式，这是真正的企业家与梦想企业家的关键区别。

◎一旦新公司成立，就专注于企业成长。

找到一个好点子创业

新创公司的点子不一定要在产品开发上有惊人突破，也不一定要让人惊艳。好的创业点子可以分为以下几种：

◎稍稍改变原有产品的设计——将别人现成的点子稍加改善。日本的整个电子产业就是在别

人成功的产品上进行渐进式改善而已。

◎把旧点子应用在新市场——拿已经在某个市场经营成功的点子，活用到新的领域。

◎把新点子引进旧市场——搭现有市场的顺风车和分销渠道，引进从来没有人提供的产品。

当然，有了点子之后，在一头栽入之前，还需认真做研究。你必须确认以下几点：

◎产品有什么独特的差异。

◎目标市场的大小与组成。

◎能取得的潜在分销渠道。

◎谁是竞争对手。

◎消费者有什么理由一定得买公司产品。

◎如何生产这项产品。

◎销售这项产品是否有利可图。

◎进入市场的时机是否合适。

◎将如何销售产品。

◎别人要模仿产品是否容易。

◎能够减少哪些风险。

◎公司需要哪些重要人士的协助。

这个阶段强调的是，如果你有了商业潜力无限的点子，就该展开创业的第一步，同时要放弃毫无潜力的点子。在这个阶段，要清楚把握风险。

如果经过分析之后，你仍然对自己的点子感到信心十足，那么就往前冲吧！

找到创业方式

没有人在创业之际就恰好拥有足够的资金或资源，然而，真正的企业家却能因势利导，成功创业，而梦想企业家会就此退缩。

以下是创业过程中需要做的几项主要决策：

（1）计算一下是买下别人的公司好还是自创新公司比较划算。再不然就把点子直接卖给某家公司，再按对方的销售业绩收取提成。

（2）决定公司的所有权结构，如独资创业、合伙创业或设立有限公司。

（3）撰写详细的事业计划书。事业计划书必

须清楚表达你的愿景以及如何实现愿景。准备事业计划书通常是取得资金的必要步骤。

（4）取得所需资金。通常这是最麻烦的一步，以下是可能的资金来源：

◎自己的存款。

◎朋友或家人出资。

◎银行（虽然十分罕见）或信用卡。

◎设备租赁。

◎天使投资人或者创投公司。

◎政府中小企业管理局。

◎与其他公司达成交换协议。

◎会从你的成功中获利的供应商。

◎策略性伙伴或盟友

（5）吸引适当的人才到公司。在雇用员工前，你必须知道自己需要具备哪些技能的员工，哪些人具备这类技能，公司负担得起多高的薪资，准备授权到什么程度，以及员工需要多长时间才能步上正轨。虽然找到适任的人通常是多数新创企业的成败关键，但是公司在不同成长阶段，需要不同的人才，这一点是无庸置疑的。因此，薪资也就变成重要的考量因素。

（6）决定把公司设在何处。不要说“因为我在这里，所以公司也应该在这里”。你必须分析，劳动力供应是否充足，主要供应商在什么地方，税收标准、法规、政府服务以及资源是不是容易取得（如创业孵化器等）。地点可能是非常重要的考量因素。

（7）投保的覆盖面要足够广。从一开始，你就需要投保产品责任险，以及针对员工薪资、财产损失或损害、业务中断、契约失误、电脑网络及预防其他损害的险种。千万别忘了替主导公司的核心人物投保。

并非所有决策都需要一股脑儿决定，处理好这些问题需要时间。以上决策没有一项是可以轻易决定的，有些还相当棘手。如果你想出人头地，当然就得花时间进行这样的决策。

专注于企业成长

接下来这个问题，答案就因人而异了——“公司多大才算大？”

企业建立后，企业家必须在应对目前挑战的同时，兼顾未来的发展，两者必须平衡。要建立新公司的信用和品牌，就必须做到以下几件事：

◎采取积极的公关策略，让公司的故事出现在媒体上。

◎利用他人名声抬升自己——在广告中提及大名鼎鼎的顾客或让他们在广告中提供证言，也可以想办法在顾客的广告中露脸。

◎代理其他知名公司的商标、知识产权或者品牌，以换取特定形式的报酬。

成长中的公司也必须有效利用专业服务，包括：

◎律师——等你决定好要进行交易，且想清楚希望法律保护公司哪一部分权益后，才是该请律师的时候。千万别一开始就请律师参与交易的协议过程，这只会增大交易的复杂程度与额外花费。

◎会计师——除了提供税务指导外，还能帮助你设计追踪公司主要统计数据的系统。

◎银行家——提供的建议总是保障银行权益，这可以作为你的参考，帮助你提高警惕。

◎顾问——可以告诉你，当企业成长到下一个阶段时会是怎样的光景。至于如何帮助企业成长，他们可能一点概念也没有。

企业要成长，企业家就必须定期规划未来，包括以下10项要素：

◎设定适当的目标，包括获利、产品线、退出策略。

◎决定企业要采取哪种策略，以及执行策略的战术。

◎检视产品上市的时间点——避免太早或太晚进入市场。

◎确认事业的风险，规划有效管理风险的

策略。

◎管理公司员工，找到持续激励员工的方法。

◎事先准备好资金或谈好贷款事宜，以便及时满足公司成长的资金需求。

◎建立公司文化，以引导公司发展和追求未来目标。

◎管理与供应商的关系，确保他们向公司提供高品质的创新产品。

◎应变计划——为攸关企业生存的每一件事制订有效的应变计划。

◎成为业务伙伴眼中的优良客户——务必准时付款，尽可能给对方足够长的交货期，并与之分享有价值的信息。

具体来说，一家公司要多“大”才算大呢？这完全是企业家自己的判断。有的企业家希望建立长久的企业甚至可以传给下一代，有的企业家满足于事业提供给自己的生活方式。上述两种看法没有对错，只要你清楚自己心里真正要的是什么就够了。

关键思维

◆多数企业，包括十分成功的企业，都是始于一个非常普通的点子，那些点子与绝妙几乎搭不上边。是幸运、时机与执行力，把一个无趣的点子变成好事业。

◆计划是创业的一项重要工具。有时候我会想，如果每家公司只有两位主管，事情会简单许多。这两位主管的头衔分别是“今日副总”与“明日副总”，让公司同时注意目前与未来的规划。问题是在大多数小公司里，主管都必须同时关注目前与未来，所以他们总是不断上演特技表演，随时都在灭火，抢订单，撑过今天再计划明天。要是公司能同时兼顾今天和明天就不会有那么多危机。

◆永远把事业计划书视为“半成品”。计划

书可以阐释自己的目标，至少是你目前能够理解的目标；也能帮助你将风险管理得更好，并帮助你衡量进度。事业计划书在某种情况下是必备要件。要将事业计划视为盟友，而非负担。

◆别让风险评估过程本身成为风险。

——鲍勃·瑞斯　杰弗瑞·克鲁克桑克

三　打造高报酬企业

打造能够持续、长期创造高报酬的成功企业，是企业家的终极目标。为了持续获得高报酬，企业家得聚焦以下重点事项：

◎开发、推出、捍卫好产品。

◎获得订单。

◎促使顾客重复购买。

◎决定企业的走向。

开发、推出、捍卫好产品

长期而言，任何企业的成败都取决于将好产品商业化的能力。好产品具有以下特点：

（1）可以带来利润——即便市场占有率足够大，销售成长鼓舞人心，奖状奖杯令人开怀，但只有持续获利才会带来长期成功。因此你要问自己一个简单的问题：“我们能从这项产品中赚到

钱吗?”

（2）是创新的——好产品不必全面创新，但的确有其他产品所没有的特点。

（3）有合理的生产方式——产品的生产方式有多种选择，包括国内生产、国外生产、外包生产等，都需要谨慎评估。

（4）有极佳的包装——特别是消费性产品，包装是产品被消费者认知、获得消费者赏识的重要因素。好的包装不仅能保护产品，还能强化产品对潜在消费者的效益。包装也有利于建立品牌形象，刺激消费者感官，促进销售。

（5）有适当的定价——定价必须在以下各项因素之间取得微妙平衡：

◎产品的销售渠道。

◎预期的营销费用。

◎产品的独特之处。

◎类似产品出现的可能性。

◎产品的市场寿命周期。

◎竞争对手的定价结构。

◎任何特许使用费。

◎保护产品知识产权的费用。

◎大量购买的折扣。

◎市场能承受的价位。

◎对可用资金的影响。

◎从销售到收款的时间差。

◎公司的获利结构与策略。

◎以后永远无法调高价格的事实。

（6）可能是其他产品的衍生商品——可能是在其他市场已站稳脚跟的自有品牌，也可能是特别为小众市场设计的利基版。部分成功产品就是先进入利基市场，然后扩大到大众市场的。这是低风险策略。

（7）总是不断超越自己——在第三方有机会做出相同产品之前，定期推出加强功能或特色的新一代产品。

（8）让竞争对手进入障碍高——利用知识产

权或其他可以阻碍竞争对手进入市场的策略，保障产品在市场上的地位。

（9）会不断测试对市场的吸引力——降低产品与目标市场渐行渐远的风险。

（10）进入市场的时机恰到好处——产品进入市场的时间，刚好满足消费者不断上升的欲望。

（11）具有良好的管理——产品有效地推出，持续研发强化功能，在时机成熟时，新产品取代老产品。

好产品是企业成功的引擎。当然，好产品本身并不足以保证企业成功，但没有好产品，企业一定失败。

获得订单

对任何公司而言，只有一样东西会引领公司往前走，那就是订单。确切地说，在你取得第一批订单之前所做的每件事，都只是创业的前奏而已。只有为产品争取到订单，公司才有未来可言。

要获得订单与销售，就必须专注于下列6大领域：

(1) 谁销售——在重视创业精神的公司里，人人都得会卖东西。从前台接待（别人一进公司会获得的第一印象）到业务员、管理团队，乃至总裁都是如此。销售的形式可能不同，但每个人都得参与。

(2) 如何为销售作准备——主要工作包括：

◎找出目标市场或不同市场，并列出优先顺序。

◎找出谁是趋势引导者。

◎仔细了解潜在顾客。

◎了解自己的定位与竞争对手的定位。

◎在每次销售前，都规划每项细节。

◎依新顾客的特定需求量身定做产品。

◎瞄准决策者。

记住，在商场上除非实现销售，否则什么也

不会发生。因此，要彻底做好准备，并与符合目标顾客条件及想要买你产品的人面对面接触，实现销售。

（3）什么是最有效的销售技巧——事实上，每个人的销售方式都不同。最好的方式是找到一套适合自己的销售技巧，然后持续使用。一般而言，最好的销售技巧包括：

◎坚持下去，别把拒绝当成个人的失败。

◎有创意。

◎有耐心且愿意培养与顾客的关系。

◎对自己从事的销售工作感到骄傲。

◎问问题，然后仔细聆听对方。

◎与顾客分享产业知识。

◎为对方留下深刻印象。

◎以正面、简洁的方式介绍产品。

◎自己不知道某事时，要勇于承认。

◎向对方提供有吸引力的购买条件。

◎清楚、简洁地要求顾客购买。

◎做完产品演示后，留些样品给顾客参考。

◎履行承诺。

◎保持联络。

◎实际行动，实现目标。

（4）如何建立并强化与顾客的关系——一旦做完自我介绍，就应转到如何增加顾客价值上，可参考以下做法：

◎注意细节。

◎以诚实建立信任并信守承诺。

◎切勿泄露他人的秘密信息。

◎花点时间与顾客相处，别让对方觉得被冷落了。

◎尊敬顾客的助理。

◎不管是小买主还是大买主，都一视同仁。

◎总是怀抱热忱且态度乐观。

◎持续寻找有待解决的问题。

（5）该如何对待代理商——代理商顶着各种头衔，但本质上是为公司销售或代表公司进行销

售。好的代理商与公司所在产业有良好关系，能为公司带来大笔订单。在选定代理商之前，花点时间厘清以下事项：

◎公司对代理商的确切期望是什么。

◎公司可以提供哪些协助。

◎从代理商的角度来看，公司可能提供什么报酬。

◎公司能提供哪些训练。

一般来说，当公司与代理商双方都觉得有需要时，才是设置代理的最好时机。这样，双方会相互支援，共蒙其利。

（6）如何在没有业务人员或代理商的情况下进行销售——公司可否通过以下方式持续销售产品？

◎直销广告。

◎网络。

◎商展。

如果可行，以上销售方式不仅可以减少成

本，还能让公司有较大主导权，而且可以准确追踪成效。

再一次强调，若没有订单，企业寿命会很短。愈重视获得订单，每个人要承担的风险就愈低，报酬也愈高。

促使顾客重复购买

让顾客重复购买比赢得第一笔订单容易。事实上，成功并非来自单笔销售，而是来自持续性销售。因此，企业要欣欣向荣并创造长期、持续的高收益，就必须把注意力放在持续开发消费者需求上。

要使新订单源源不绝，企业应采用以下方式：

◎通过口碑宣传、定期投放广告（包括与其他厂商的合作广告），以及执行良好的公关计划，以提升产品的知名度与关注度。

◎定期增加产品销售渠道，例如加入邮购公司的产品目录，或是建立新的网络商店。

◎与信用卡公司、大型零售业者或加油卡赞助商合作，让产品广告出现在其顾客账单里。

◎不时邀请名人或专家为产品代言。

◎通过广播电台、电视台、杂志或报纸做广告，并为其提供顾客问询电话报酬。

◎分析并选择提供免费试用品的恰当方式，把握住未来可能购买产品的人。

◎在适当的场所或零售店面展示产品。

◎给业务团队提供经常性的训练课程，以协助业务人员了解最新销售趋势。

◎改善和强化产品的包装与呈现方式。

◎建立网站，让消费者了解更多产品信息。

◎提供适当的活动赞助并举行合适的宣传活动。

◎设计一些不同的产品组合。

◎专注于提升产品质量。

◎点拨消费者以创新方式在不同领域使用产品。

◎提供出色的售后服务与支持。

◎有效管理库存，使其有效满足顾客订单。

◎积极采取行动，对付企图以仿冒品进入市场的竞争对手。保护措施包括申请知识产权保护、请求损害赔偿等。

首批订单往往使企业家高兴过了头而立下宏大的愿景。除非企业家采取持续、踏实的行动，并确保公司有持续、重复的收入来源，否则愿景总归是昙花一现。

企业家的本性是乐观的，但低风险企业家却了解，把事业建筑在仅此一次的订单上有多么疯狂。

决定企业的走向

假定你的事业蒸蒸日上且事事都如预期，那么现在的问题是："我的下一个目标是什么？"

由于你的优先事项、个人偏好、风险概念、成就感以及事业目标都可能在事业成长过程中发生重大变化，因此确定下一个目标并不容易。简

而言之，你此刻定义的成功可能与刚创业时大不相同。

大致来说，企业家可以有以下 5 种选择：

（1）维持现状。如果你有独特的产品服务一个特定的利基市场，并拥有强健、稳固的顾客关系，那么维持现状的确有高度吸引力，特别是当这份事业给你与其他资深主管提供不菲的收入以及其他好处时，那更是上上之选。你可能也想实际参与公司的运作，但多雇请一些员工，你参与的机会就会减少。通常情况下，维持现状也是风险最低的选择。

（2）让公司继续成长。野心勃勃的企业家有时会想让事业愈做愈大，增加员工、产品与顾客。决定企业成长幅度的主要因素通常是资本。企业成长需要现金，而且是大量的现金，这意味着公司必须背负更多债务，或者得引进更多新的股本投资，这两种筹资方式都各有优缺点。

（3）让公司挂牌上市。建立优良企业，让人们愿意通过首次公开发行来购买股票，这是对成功企业的传统定义。公开上市的确能提升公司的知名度，但企业家必须知道，首次公开发行所费不赀（相当于所筹资本的10％～12％），且上市公司必须呈报大量报表（连每个人的薪水都必须接受公众评论），还得应付证监会的各种要求。如此一来，管理层对企业的注意力就会分散。上市有得有失，好处是公司的资金流动性提高，但公司也会失去以往单纯的营运环境。

（4）把公司卖掉。目前许多新创公司视此策略为原始投资人与股东预期的退出点。对企业家而言，卖掉一家多年来时时刻刻呵护培育的公司，就好像在卖自己的孩子一样：除了数字之外，这笔交易还牵涉情感因素。如果你谈了个好价钱，与买主的交易过程明确、顺利，不必担负任何相关法律责任，你就可以合上生命的这一章，开启另一项新事业。

（5）让公司结束营业。如果你必须每周工作

70 小时，收入却很低，只是在为他人做嫁衣裳，那么你不如把债务还清，结束营业。留得青山在，不怕没柴烧。

公司发展到一定阶段，企业家究竟该如何抉择？事实上，并没有既定规则，正确的答案将取决于企业家自己的目标、信念、追求、家庭状况、生命阶段以及承担风险的意愿等综合因素。多数企业家在面临这样的抉择时，会先检查以下事项：

◎写下各项选择的优缺点，看哪项选择最有说服力。

◎与有类似经验的人谈谈，了解他们是如何作决定的，现在他们对当时的决定感觉如何。如果可能，会改变当初的决定吗。

◎计算上述 5 种选择的代价。数据要准确。切记要诚实，这不是必须公开的数据。

◎评估自己的财务状况。问自己是否愿意把现有资金投注到另一项新事业上。

◎评估自己。是否对目前的事业仍具有热忱？是否需要新的挑战？健康状况如何？其他家庭成员被迫付出什么代价？

最棒的是决定权在你，你也可以邀请你的另一半介入决策过程。一方面，投入新事物可能有益健康，让自己精力充沛，身心焕然一新。另一方面，享受并利用自己努力挣得的报偿也很吸引人。又或者挑战创立长久的事业，发挥自己的能力，实现愿景。

上述所有选择都有潜在的优缺点。归根结底，高报酬会带着低风险企业家返回事业旅程的起点。创办企业之前，你必须清楚知道你的一生要的是什么；同样，决定要如何处置事业也需要清楚明晰地思考

关键思维

对我而言，金钱与权力的好处不是最重要的。拥有足够的金钱可能意味着我的车在冷冽的

清晨仍然可以启动，鞋子不会不合脚，不必随时检查股票、金价或任何资产的现值。而拥有权力，那只是拥有金钱的延伸，当最后一班飞机取消时，我不必睡在机场大厅；如果我给大人物打电话，他们会给我回电话。对我而言，生命中重要的东西是信任、平衡、满足、家庭、爱、快乐、自尊与帮助他人。创业，如果成功，能让我有效获得生命中的重要东西。

——鲍勃·瑞斯　杰弗瑞·克鲁克桑克

靠网络起家

Get Rich Click!

The Ultimate Guide to Making Money on the Internet

原著作者简介

马克·奥斯托夫斯基（Marc Ostrofsky），专业演说家、创投家。曾创办数家杂志社、市场调查公司以及多个展会，转售所得超过 5000 万美元。目前拥有多家网络公司，年营收总额超过 7500 万美元。

本文编译：郭政皓

主要内容

在网上点击成金

要创业不必非得准备大笔资金，只要你有好的构想，就可以利用网络——人类史上最强大的商业工具，与大型企业在平等的立足点上竞争。网络时代彻底颠覆了传统的商业模式，联盟营销、域名、搜索引擎、社交网站、网络视频等10大数字工具，将助你成为这一波网络创业热中的获利王！

要运用网络创造财富，就得把你的构想付诸实践，不能坐在那里空想。要成功地点击成金，既不复杂也不神秘，总的来说就在于下列3项关键活动：

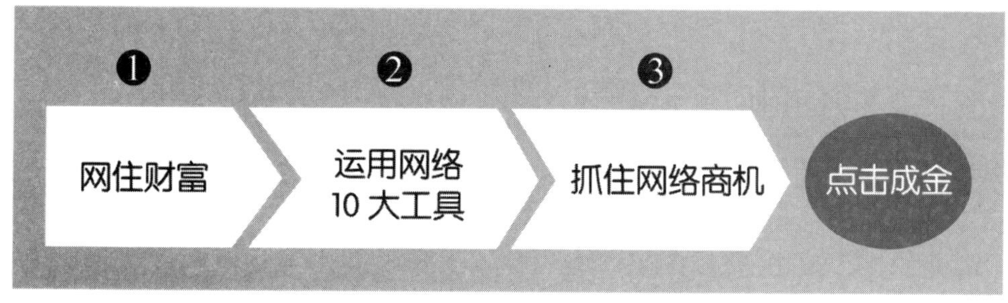

一 网住财富

网络可以让你从新的角度去思考传统的商业模式。网络创造了许许多多新的赚钱方式，因为它彻底改变了这个世界工作、娱乐、社交和沟通的方式。网络的经营方式其实十分简单，方法不出以下 2 种：

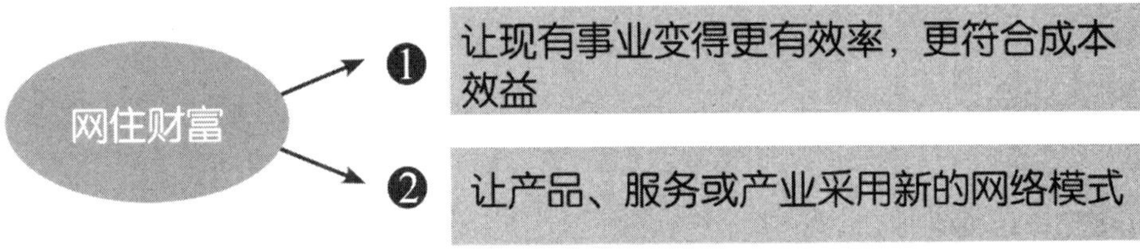

要建立成功的网络事业，其实没什么新的学问，只需要：

◎了解市场状况。

◎抓住市场走向。

◎做好规划，在对的市场、对的时机，推出人们会掏钱购买的产品。

目前为止，大多数知名度高的成功案例都利用了网络的力量来提升销售和降低成本。已有众多企业走上这条成功道路，未来还会有更多企业跟进。不过，只有当大家开始运用网络模式去思考和追逐各自的目标市场时，真正的改变才会来临。这方面还有很大的努力和突破空间，因为这个趋势才刚刚开始。

每当市场发生变化，掌握了以下 3 项竞争武器的人就能成为赢家：

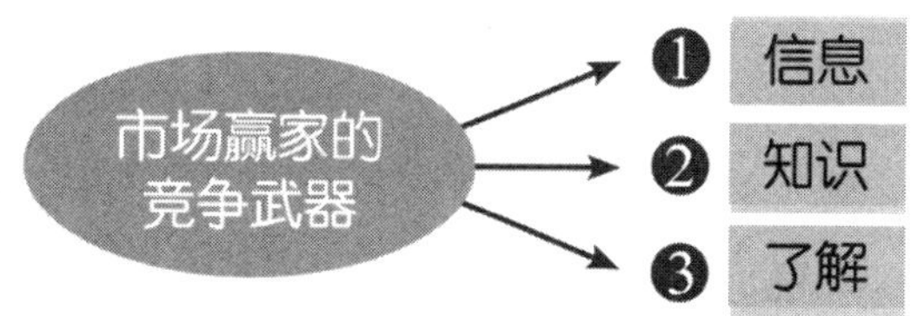

过去运用网络来调整企业既有营运模式时，要角都是科技人员，不过现在不见得是电脑怪才才有办法胜出——任何人只要有绝佳构想，加上实现构想的可行计划，就能够脱颖而出。能做到以下几点，就有机会出奇制胜：

◎发挥原创性思考，开发出新颖、有创意的全新解决方案。

◎开发出极具吸引力的商品，让粉丝迫不及待地掏出钱来购买。

◎提供绝佳的价值，让顾客愿意介绍给其他同样需要你产品或服务的人。

◎开发出具有高扩充性的构想和商品。

要记得，网络是目前为止最强大的去中间化媒介。现在的顾客可以直接向供应商购买，不必再通过经销商、批发商等中间商。网络还使产业的新进者拥有比现有业者更大的竞争力，因为后者的资金都被库存、厂房、员工薪资和广告等绑住了。

这到底意味着什么呢？即便世界经济紧缩，点击成金的机会还是大大增加。要成功成为网络创业家，方法很多：

◎去接触现有业者，帮他们提升网站和线上营运的获利，这是一种成功的方式。只要懂得如何将流量导引到网站，你就具备了有价值的技能。

◎为某个产业构思全新的商业模式。你可以在不同的产业，举一反三运用亚马逊网络书店在图书零售业的成功经验。

◎为销售提供线上支援服务，就像在以前淘金潮时代，向潜在顾客卖十字镐和铲子的店铺。帮助其他人实现其赚钱计划，你也可以赚进大笔获利。

总而言之，网络正在推动全球经济改变。只要有改变，就会有机会，而网络革命所抛出的机会再好不过了。你要做的就是将你的构想付诸实践。

举例来说，现在已经可以进行所谓的逆向电子商务——先卖后买：

◎去一趟当地的批发中心，或是进口商齐聚的地方。

◎找出 50 项你觉得在网络上会畅销的商品，用数字相机拍下来，并记下每一项商品的成本，以及进口商或批发商的库存量。

◎为每一项你想要销售的产品撰写广告文案。

◎在 eBay、Craigslist、USAds 等分类广告网站上，贴出有照片的线上广告。

◎收取售出产品的款项，然后回到你的“货源地”购买这项产品，再寄送给买家。

◎针对有销量的产品，重复第 2～5 项步骤。

◎定期回市场看看，找出更多可以销售的商品。别忘了，有人付钱了你才会去买那项商品，因此什么东西都是可以卖的。搞不好你朋友可能请你帮忙卖他们的车子或房子。如果当地的零售商有一些想要卖掉的存货，你也可以用这种方式销售。

这种逆向电子商务的商业模式证明：网络世界如此无限，有那么多的赚钱机会，而最佳的商业构想尚有待采用。USASuperSale.com 和 Shopster.com 等公司，就是靠给网络创业者创造机会而建立起自己的事业的。现在线上销售额有望每几年就翻一番，因此线上销售还有很大空间可以让大家去投入。逆向电子商务是一种零风险、零成本的创业方式，人人都可以运用。

关键思维

如果你有什么构想，就到网络上去实践。有了一个点子，就去好好规划、开发、规模化生产，然后提供给顾客。把各种构想结合起来，就有可能创造出世界正翘首以盼的新产品和服务。

——马克·奥斯托夫斯基

二　运用网络 10 大工具

经营网络事业，绝对不是一旦投入，成功就会水到渠成。网络上有太多竞争者争相吸引潜在顾客的注意，你一定得积极主动地让大家看见你在做的事情，吸引他们与你做生意。你必须熟悉新一代网络工具：

广告与按行为付费

Google 在 2003 年率先推出 AdSense 广告程序，现在 AdSense 被公认为是让网站赚钱的最强大工具之一，它可以把访客变成收入。

AdSense 的运用方式很简单：

（1）建立一个网站，网站里要有信息和线上商品。规模大小不重要——只有一个网页的网站或是多个网页的网站都可以。

（2）到 Google 的 AdSense 注册一个账号，这是免费的。

（3）把 Google 提供的 HTML 程序码放到你网站的程序编码中，AdSense 就可以向你的网站提供相关广告。

（4）用 Google 提供的分析工具来追踪你创造了多少流量，并运用这个数据来调整内容，提高访客到你网站点击广告的几率。

（5）吸引流量到你的网站。

（6）收取 Google 寄给你的佣金支票。

另外一种赚钱方式是使用 Google 的 AdWords，根据特定关键词来购买广告。要有人点击了你的广告，并且被导引到你的网站，你才需要付费。你可以确定自己愿意在点击次数上面花多少钱。有各式各样的网络工具可以帮你找出热门的关键词，以及判断该花多少钱购买关键词所带来的流量等。AdWords 是许多网络事业新的生意来源。

网络广告，不论是买方还是卖方，几乎都会采取按行为付费的商业模式——广告主不必支付固定的广告费，而是在访客做出特定行为时，才需要付费。这类模式有多种不同的形式，包括按点击次数计费、按注册或留资料人数计费、按打电话次数计费、按下载次数计费，还有按播放次数计费等。

网络广告对广告主相当有利，因为相关的分析工具在分析上“巨细靡遗”，功能非常强大。去了解各种可能性，你就有机会看到众多网站赚

钱的不同方法。

搜索引擎

个中的道理同样简单：要发网络财，就要让大家都能方便地找到你。想要创造最大的目标流量，就必须优化你的网站，让搜索引擎可以找到你和你提供的商品。

搜索引擎优化听起来很复杂，实际上做起来只有 2 种方式：

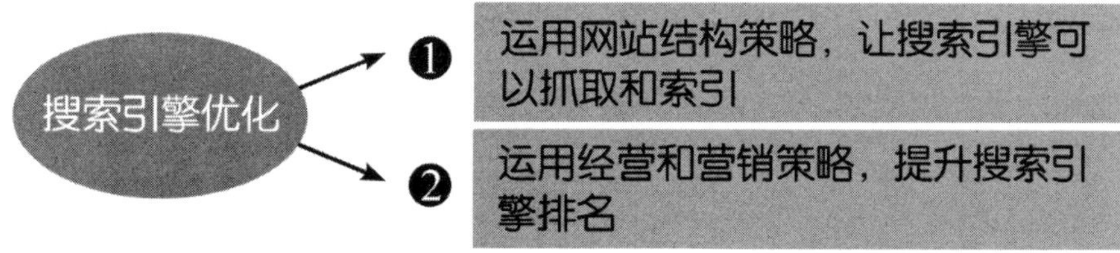

想让搜索引擎容易发现你的企业网站，可以采取以下方法：

◎提供新奇又吸引人的独特内容。

◎在标题标签中使用绝佳的关键词，让搜索引擎将你的排名列在高于对手的位置。

◎建立大量有力的链接，让搜索引擎可以链接过来。尽可能与优质网站建立合作关系，让它们与你的网站链接。搜索引擎很看重这一点。

◎学会运用对比测试，比较各种方法吸引访客的能力。

此外还有其他方法可以提升你网站的存在感，并提高流量：

◎写一些与你专业领域有关的文章，张贴在网络上。

◎给老顾客和潜在顾客寄电子报。

◎在网络论坛上与网友互动，创造知名度。

◎针对你的产业妥善经营一个博客。

◎找出掌握利基市场且具有信誉的博客，在此类博客上发表评论。

◎在你寄的每一封电子邮件上都列出你的网址。

◎给访客再次回来的理由，例如提供免费赠品、更新内容等。

◎举行线上公关活动。

◎与同行业企业交换链接。

◎进行网络之外的实体营销活动。

◎通过灵活的策略建立口碑流量。

◎在 eBay 上列出你销售的商品，还有你网站的详细介绍。

◎运用社交工具——脸书、推特等。

◎利用 LinkedIn 与专业人士互动。

◎选个能引起网友兴趣的域名。

联盟营销

所谓联盟营销就是网站的站主将流量导引到另一个网站，获得一笔费用；或之后成交时，获得一定比例的佣金。动态网络特别适合联盟营销，因为一切都可以精确追踪。

联盟营销几乎都依广告效果付费。例如，亚马逊网站在 1996 年 7 月开始推出联盟营销方案（亚马逊联盟）。到今天，全世界有数百万个网站链接到了亚马逊网站，将流量导引到特定网页，借此获得促成交易的佣金。要通过亚马逊的联盟营销方案赚钱，方法很简单：

（1）先上亚马逊网站注册联盟营销账号。

（2）找出你想销售的产品，然后取得每一项产品的亚马逊联盟营销链接。

（3）将链接放进你自己的网站。当网友点击这个链接，就会连到亚马逊的产品网页，其中有你联盟营销的详细资料。你要做的就是设法把流量导引到你的网站，希望网友会点击你的链接，在亚马逊上购物。

（4）你也可以为这项产品买一个新的域名，然后在 Google 或脸书上做广告，把流量导引到你的网站。当有人造访你的网站，你就可以将其转到亚马逊联盟营销指定的亚马逊网页。

（5）不论是哪一种方法，你所促成的销售都会收到佣金。至于付款作业、产品发送等其他一切事务，亚马逊都会处理。

网络无疆界，上面有成千上万个联盟营销方案任你选择。有一个规模较大的业者叫 Click-bank. com，主营可下载的数字内容。它会依照

所促成的销售支付佣金，并处理所有后台作业和发货工作。不论你自己有没有网站，都可以通过其联盟营销方案赚钱。你也可以把自家的产品挂在 Clickbank. com 上，由其他人帮你销售。

另外一个知名的联盟营销网站是 Commission Junction。这家公司会为零售商、服务供应商与联盟营销会员牵线搭桥，由后者推广其商品。会员可以从促成的所有销售中赚得固定金额或一定比例的佣金。有许多零售商和出版商通过 Commission Junction 提供联盟营销方案，你也可以加入。

关键思维

联盟营销可以让会员和厂商双双受益。联盟会员可以通过自己网站的流量来创造收入，如果选对厂商，甚至可以增加访客的价值。厂商也可以为自己的网站吸引到更多流量，而且链接来的访客原本就有购买的意愿。如果顾客也感到满意，那么联盟营销就成为一种三赢的商业模式。联盟营销是电子商务中成长最快速的领域，建立容易，而且几乎不用花钱就可以起步。

——马克·奥斯托夫斯基

域名

域名就像网络上的房地产业，但一年费用不到 10 美元。只要你拥有一个域名，就可以用各种方式来赚钱：

（1）将域名转卖给他人——不论这个名称之下有没有事业。现在域名的售价常常超过 100 万美元，而且价格还在持续上涨。有好几笔众所皆知的域名交易，其名下都已经有事业，包括成交价 750 万美元的 Diamond.com。曾有一段时间，域名的价格每个还不到 50 美元。1995 年 Business.com 以 15 万美元被买下，之后在 2007 年又以 3.45 亿美元被卖给美国黄页广告商 RH Donnelley。

（2）将域名出租——租给愿意付钱购买域名

所创造流量的公司。

（3）用域名来创业——建立生意兴隆的网络事业，待价而沽。域名会是事业的重要资产。

（4）供人刊登广告链接——在你的网站提供停靠服务，只要有人进入你的域名并点击链接，你就可以收取一笔费用。

虽然投机者早在网络发展的初期就已经注册下大部分域名，不过域名的拍卖市场仍然相当活跃、强劲。有好几个一般性域名，如 eTickets. com、PDA. com、TV. com 和 MutualFunds. com，都还在拍卖市场上交易。发生新的事件可能令之前默默无闻的域名身价暴涨。比如，当大众目光聚焦在流感疫情时，SwineFlu. com 就变得很抢手。同样，各种有趣的新域名也可能随时出现。

新的域名日益增加，也可能创造出一些有趣的机会。近来，以 . mobi 结尾的域名（代表移动装置）变得很受欢迎，因而成为很有价值的资产；相较之下比较普通的 . com（代表商业公司）

就有点失宠了。随着移动广告市场愈来愈红火，专门针对移动装置建立的网站价值也水涨船高。只要跟上发展，并且去了解市场，你一定还能发掘出其他新的域名。你可以借此让自己居于有利位置，分享这些市场的成长。

关键思维

在网络的房地产业，域名就相当于土地。企业就建立在这片土地上，也在这里进行交易。而网站就好比店面，可以很简单——只有一个网页；也可以很复杂——用作产品、服务和联盟营销的链接入口。如果你的现金或信用不够，没办法玩实体的房地产游戏，你就玩精挑细选的域名吧，也可能为你带来不错的投资报酬率。

——马克·奥斯托夫斯基

制作绝佳的内容

今日，制作电子书然后在网络上销售变得愈

来愈容易了。电子书阅读器问世，再加上任何人都可以在地球上任何地方出版自己的书，不需要印刷就可以送到世界各地顾客的手上，出版的世界整个儿被颠覆了。

制作电子书再简单不过了，方法有以下几种：

◎想一个你感兴趣的主题，花点时间做些研究，然后将获得的信息用合理而有趣的方式加以组合。

◎找一位特定领域的专家进行访谈，把访谈过程拍摄下来，上传到网络上，再发给相关服务商整理成文本。翌日，他们就会把访谈内容变成Word文件回传给你。你只要将内容稍加编辑，就能变成电子书出版。

◎聘请相关人员，帮你制作所需要的图像、表格等各种附件，包括封面，就和出版社要制作的图书一样。

要帮电子书做营销，还有很多线上的资源可

以运用，包括：

◎将你的内容上传到 Clickbank.com，由他们帮你处理所有后台作业，并通过他们的联盟营销网络来销售。

◎建立你自己的博客，为你的博客吸引流量，然后在博客上销售你的电子书。

◎买个新的域名，制作内容完整的网站或是单页的广告邮件，来销售你的电子书。

◎为其他人的博客写文章，或是运用各种唾手可得、可免费使用的社交媒体网站，为你的电子书打知名度。

◎你还可以进行版权交易，将出版、发行的权利提供给他人。

◎将单次销售的内容，变成每月或每年订阅的内容。

◎善用电子邮件营销，为你的电子书创造更高的知名度，并取得邮寄名单，之后制作的电子书就可以用这个名单来推销。

◎将你的电子书转换成播客，通过联合订阅服务来销售。

此外，还可以通过维基技术，让大家贡献自己的内容，然后你把内容制成电子书，这也是可行的方式。这样汇集起来的内容可能变得非常有价值——YouTube 采取的就是这种商业模式。你还可以把这个内容上传到 iPhone、iPad 加以销售。另外，建立一个顾问事业，帮助其他人制作他们自己的电子书或数字产品也可以赚钱。一切技术相关事务，都可以通过 guru. com 或 elance. com 等网站外包出去。

关键思维

出版业正在经历形形色色的改变——基本上，出版世界里的一切都将改变，甚至“书”这个称谓。将来，纸质书籍会变得稀有，而电子书会是主流。我们的子女会跟朋友说“这是本好书”，还是说“这是篇好文章”？好好思考，买下域名，或许你也可以中个知识产权的乐透！

——马克·奥斯托夫斯基

社交网站

社交网站能够使深谙其道的人大笔获利。实际上，社交网站及其工具就是在线的聚会地点，大家来这里和老朋友联络感情并结交新朋友，分享彼此的兴趣和想法。

社交网站里有几大要角，是我们应该注意并善加利用的：

（1）博客——日记的简称。全世界有 77％的网络使用者会阅读博客并发表评论。博客赚钱的方法很多，例如做 AdSense 广告、请网友赞助、加入联盟营销，还有用博客销售产品、做广告或邮寄名单。开一个你自己的博客，然后定期在上面张贴有价值的信息。

（2）推特——微博客服务，可以发布最多 140 个字符的简短信息。推特非常流行，使用者喜欢它的即时性和个性化设计。使用推特的目的

是要散播有趣的想法，不要直接在上面推销。

（3）脸书——世界上最主流、最强大的社交工具。脸书最棒的地方在于，人们可以用非常符合成本效益的方式，找出自己可以切入的利基市场。只要有一定的关注人数，做成生意的机会就在此基础上成倍增长。脸书可以用来宣传你的事业、提供顾客服务，也可以为你的商品创造口碑。

（4）LinkedIn——一个商业导向的社交网站。LinkedIn 帮助会员管理商圈中联络人的资料。当你和同道的创业家在 LinkedIn 上互动，或是加入一些分享彼此想法和兴趣的团体，你就可能碰上赚钱的机会。

社交网站是新构想孕育成长的丰饶土地。好好运用它，就有可能把一个构想发展成事业计划，吸引到广告主和金主，从而让计划付诸实施。这一切都可以在社交网站里完成。你可以通过社交网站吸引到想法与你一样的人，也可以吸引到想法跟你南辕北辙的人，他们都可以帮助你进行创意构想。

脸书已经开放其技术基础架构，程序设计师可以自由开发应用程序。这些设计师可能开发出一些奇妙又有趣的工具，提高整个网站的赚钱潜力。据产业分析师观察，脸书使用者每天花在这个网站上的时间、更新网页的次数以及成为某个公司或品牌的“粉丝”人数，其数量和增长速度超越人们想象。要把这么大的关注转换成源源不绝的收入，就看你的想象力有多大。大家愿意在社交网站上告诉别人自己喜欢什么、不喜欢什么，这其实会给你带来很多灵感。

关键思维

在网络上刊登广告和做营销，可以“买到”顾客。经营博客和运用社交媒体做营销，则能“赢得”顾客。

——马克·奥斯托夫斯基

付款作业

如果你打算在网络上销售商品，就必须让你未来的顾客有办法下单和付款给你。这其实不难——可造访几个同业的网站，看看他们怎么进行付款作业，还有怎么处理顾客服务。寻找你可以仿效或采用的方法，让顾客能够放心与你交易，放心提供他们的财务信息。

线上付款最方便的方法就是使用信用卡。要让你的网站能收信用卡，有以下几种方法可以选择：

◎通过你的开户行，开设一个可收信用卡的营业账户。如果你的交易量足够大，就很适合这么做。这会让你树立专业形象，并可直接掌控整个交易流程。

◎运用第三方信用卡付款处理机构。如果你没有申请营业账户的资格，技术上的专业能力不足，或是交易量不大，这是个不错的选择。费用会稍微高一点，不过可以为你省下一堆麻烦事，所花代价很值得。

◎使用 PayPal——目前最受欢迎的第三方支付服务商。PayPal 在全球上经营 190 个市场，管理全球使用 26 种货币的 1.9 亿个账户。

◎如果销售的是数字产品，就可以使用 Clickbank。Clickbank 已给联盟会员和合作厂商成功支付过大笔金额，自然也可帮你搞定所有的付款作业。

如果你销售实体商品，把货物交到顾客手中的最好办法就是采用转运配送——把你接到的订单直接转给制造商，然后由制造商把货物寄给顾客，而不是由你寄送。转运配送是很棒的方法，因为你不必先为库存投资。也就是说，你的现金流循环从一开始就是正向的。即便你的生意在未来逐渐成长，依然值得采用转运配送这个模式，因为你不必将现金资源用于升级你的货物处理能力。

另外，你还必须决定要如何运送你的商品。

一般会选择用 UPS、FedEx、美国邮政、DHL，或是 iShip. com 或 InternetShipper. net 等货运服务。先看看你的直接竞争者通常用哪些方式寄送货物，然后再考虑运用类似的方法。要注意的是，不要把货运当成利润中心。如果你省下了货运成本，就应该回馈给顾客。

还有另外一个值得牢记的重点：在网络经济中，你现有顾客的数据库是无价的资产。各大业者都会善用数据库来做营销。收进数据库中的所有顾客资料，都应该好好保管，以备将来之需。即使你自己不用，你也可以考虑把这个信息出租给其他业者。

关键思维

你名单里有多少人跟你户头里有多少钱有直接的关系。只要建立了名单也培养好了关系，你就可以高枕无忧了。

——马特·巴贾克，网络百万富翁

找到快速、方便又安全的方法，让你的顾客可以下单和在线付款，这是你成功的关键！

——马克·奥斯托夫斯基

移动商机

据估计，现在全世界大部分数字信息都是通过移动装置发送的。这已经是一个很大的市场商机，而且未来规模还会更大。

事实上，现在几乎进入人手一部手机的时代，人们会用手机即时取得所需的各种信息。制造商正拼命努力让手机功能更加强大，并具有图像辨识功能。其实还不只是图像——手机还会辨识音乐、读条码，还有其他许多功能。随着这些手机功能的日益普及，聪明的公司自然会抓住相关商机。

因此，你必须让自己的网站更符合移动装置的需求。如果你具备相关技术能力，就可以帮企业将网站转型成移动装置版，那会是很大的商机。你也可以考虑做移动营销——提供专为移动

装置设计的营销内容。你可以用移动营销来营造品牌知名度、搜集潜在顾客名单、提高顾客忠诚度，以及把潜在顾客变成顾客。移动营销发送信息的成本较低，立即回应率却相当高。

现在移动装置有多种可用的搜索引擎，受欢迎的程度也快速飙升。学习如何将你的网站内容转变成移动市场需要的形式，并将这些内容提交给移动搜索引擎，这会是很珍贵的专业资产。你可以自己用来赚钱，也可以协助其他人赚钱。

要通过手机等移动装置赚钱，还有一个显而易见的方法，就是开发 iPhone、iPad 等装置的应用程序。为 iPad，尤其是 iPhone 开发应用程序的设计师，可赚得十分优渥的收入。如果你能开发出受欢迎的应用程序，也可以赚进源源不绝的可观收入。有很多 iPhone 和 iPad 的开发工具组，使用起来都很容易。开发应用程序还有一大好处就是不需要准备大笔资金。只要你有才能和时间，就可以开发出独特的应用程序，然后通过苹果公司对所有人开放的应用程序市场，将自己的应用程序商品化。从许多角度来看，现在的应用程序市场就好比早期的Web——大家都跃跃欲试，觉得没有什么不可能。这是发网络财的绝佳方法，值得进一步探索。

网络视频

网络上流传的视频量已经非常大，显而易见未来一定还会飞速成长。各大品牌和新创企业都在积极运用网络视频的力量，去引发话题、带动销售和建立价值。YouTube是网络时代的典型现象——每个月的使用者数以亿计，观看的视频量也很是可观。YouTube在网络上建立起西方世界名列前茅的观众群。

网络视频有多种可能的应用方式。你可以制作吸引人的内容，然后用内容来赚钱，例如：

◎在视频前后播放付费广告。

◎在播放的内容中间插入付费广告。

◎销售视频播放屏幕周围的广告空间。

◎销售赞助权、植入式广告以及链接。

◎把视频销售给培训公司。

◎按观赏次数收取费用。

◎提供可持续收到内容的订阅方案。

◎运用类似视频播客的服务。

◎建立你自己的 YouTube 频道。

网络视频有个独特之处，就是有许多专家乐于与你合作。如果你有个有趣的构想，就可以把制作的工作外包给具备相关技能的人，用未来可能获得的收入来交换他们的服务。如果你能想出有趣、难忘又可互动的方式吸引到潜在顾客的注意，那么一定会有广告主产生兴趣，也会吸引到乐于参与视频制作的人员。

经验显示，网络视频的长度通常在 3 分钟左右时效果最好。在每段视频的开头和结尾放上网址，就能吸引网友造访。现在许多博客都开始在博文中加进有内容的视频。这一点很棒，你可以把制作的视频寄给业界最有影响力的博客，他们很可能采用。这会建立认可度和增加曝光机会，之后你就可以加以善用来赚钱。

随着你制作和运用网络视频的技术愈高，你就打开了机会之窗，可以帮助其他公司走上这条路。你可以扮演顾问的角色，或是提供一对一的训练，教他人怎么做。如果你懂得如何提高视频内容在 Google 等搜索引擎上的排名，你就可以协助其他公司提高其搜索排名，赚取大笔收益。

关键思维

◆要真正累积财富，就不能只着眼于一次性交易，而是要去思考如何建立持续的收入来源和持续的口碑。收入是短期的获利，但资产是长期的事业价值。

◆网络视频内容的质量提升后，观众就会愿意付费观看。企业如果将自家视频的搜索引擎排名优化，就能从增加的流量中获益。

——马克·奥斯托夫斯基

靠省钱来赚钱

要增加你个人的资产净值，其实只有 2 个方法：

◎增加个人的收入。

◎减少成本和支出。

有时候，要在个人的财务游戏中胜出，最理想也是最合理的方法就是把网络当作减少开支的最主要工具。省下愈多时间和金钱，就能累积愈多财富。

可以先看以下几个省钱网站作为省钱起点：

◎LowerMyBills.com——各式各样的省钱机会，都可以在这里一站购足。

◎Yelp.com——评论并推荐各类商品，其中有关于产品和服务的合理价格信息。

◎价格比较网站，例如 PriceGrabber.com、BizRate.com、PriceRunner.com、DealTime.com 等。

◎Groupon.com——团购折价网站，会提供折扣方案，联合顾客“组团儿”向厂商争取优惠。其他类似网站还有 Offers. com、Coupon-Cabin. com 等，不胜枚举。

◎iPhoneAppQuotes. com——可以找到程序设计师，按照你的要求和规格编写新的应用程序。

◎SmartMoney. com——里面有大量的省钱构想。

◎外包服务网站，例如 Guru. com、eL-ance. com 和 RentaCoder. com 等，你可以在这里聘请自由职业者去完成各类工作。

◎CollegeMadeSimple. com——帮助父母规划、筹措子女的教育资金。

◎旅游网站，例如 Travelocity. com、Expe-dia. com 和 Kayak. com 等。

◎PriceQuotes. com——你可以获得上千种汽车品牌和价格信息。

懂得省钱和思考如何赚更多钱是同样重要的事，两者都可以让资产净值增加。至少你在网络上买东西之前，要多方比较，看看你想买的商品有没有优惠券可用。这样省下来的钱可以聚沙成塔。

如果你建立一个帮助消费者和企业省钱的网站，你就有机会为自己赚得优渥的收入。随着电脑、电视、数据库、网络和移动电话营销的整合，未来还会出现更多可能性。如果有人能开发出一种 iPhone 应用程序，让买家可以找到提供最低价格的卖家，那他必定一炮走红。

关键思维

做你自己最擅长的事，其他事全都外包出去，这一向是我最看重的原则。靠省钱来赚钱也绝对是一个累积财富的办法。研究显示，有60% 的美国人担心钱不够用。与其担心，不如想办法解决问题。

——马克·奥斯托夫斯基

三　抓住网络商机

在目前为止的网络成功故事中，赚到钱的大多是想出更理想的解决方案、提供有力的数字工具之人，或科技的先驱者。这种成功故事还在演进当中，如果你想成功，就要采取行动。事实上，只要你能想到一个绝佳的新方法，就可以在网络上采取行动。集中精力去规划新的构想，开发网络版本，然后设法扩大规模，再尽量提供给大量的顾客。努力去开创世界正在寻找的产品和服务，并热衷于你的构想。这不仅有趣，也可能带来高获利。

要用今天的行动去赚未来的钱，其实不是去建立下一个亚马逊、脸书或 Google。这些企业已经存在，他们会积极努力规划自己的未来。你真正该做的是认真关注目前正在出现的各种趋

势，观察市场动态，彻底了解消费者的购买模式。这些信息将为你指出不久的将来赚大钱的机会。

最棒的地方是，要赚大钱不必先投入市场。你可以从不同网站借鉴构想，再加以整合，然后重新推出。你也可以寻找海外成功的构想，将它们改造成“本土”版本。

信息产业的发展轨迹是：

在未来，谁能够以我们想象不到的方式，将电脑、智能手机和下一代电信善加整合，谁就能创造赚钱的机会。我们会有更多机会去做各种有趣的事情。那么，点击成金的真正秘诀到底是什么？

◎了解自己的不足之处——让最聪明的人来

指导你。向最优秀的人学习，永远不要停下学习的脚步。

◎保持简单——专注于不需要创业资金的小规模事业，不要想建立下一个 Google、脸书、PayPal 或 eBay。绝佳的赚钱构想一向都是简单的。

◎不要认定“这已经有人做了”——世界上每个人开的车，都不会是同一型号或款式；大家都在用的电脑，也不都是同一个型号。最富创意的商业模式通常是取一个模式中的一部分，再加上另一模式的内容组合而成。

◎聘请最优秀的人才——让其成为你支援网络中的重要力量，支持你的事业构想或新创事业。

◎聘请具备正确心态的人——如果你发现一个人充满了干劲和热忱，就立刻聘请他。新的技能可以学习，但积极的心态却无可取代。

◎聘请能弥补你不足的人——他们将一再证

明自己的价值。

◎做自己热衷和擅长的事情——如果你努力追求自己感兴趣的事物，通常会更加成功。

◎不断提出问题——保持好奇。想领先别人，就永远不能停止问问题和做研究。

◎坚持下去——如果某一种方法不可行，就尝试不同的方法。网络的一大特性就是会不断变化，一时不可行的构想，可能在稍后就大放异彩，因此不要轻易放弃。

关键思维

◆点击成金时代，几乎可以确定是由智能手机带来的。如果你怀疑这一点，在街上走路的时候，不妨去数数有多少人正盯着自己的手机。他们都是你的潜在顾客。手机有太多好用的内容，人们一定会“沉浸其中”。

◆想发网络财，要记住一个重点：网络的世界随时在变动，但总有人懂得善用最新趋势。你今天了解的一些产品或服务，大概都已经有人开始应用、修正，让它更完善，具备更多功能。网络已经成为我们互动、沟通和娱乐的最主要方式，用网络赚钱的方法自然有无限可能。

——马克·奥斯托夫斯基